中译翻译文库

高级实用翻译

Translation
An Advanced Practical Coursebook

赵晶 / 著

中国出版集团
中译出版社

图书在版编目(CIP)数据

高级实用翻译：汉、英 / 赵晶著. -- 北京：中译出版社, 2023.4
（中译翻译文库）
ISBN 978-7-5001-7367-0

I. ①高… II. ①赵… III. ①英语－翻译 IV. ①H315.9

中国版本图书馆 CIP 数据核字（2023）第 044691 号

出版发行 / 中译出版社
地　　址 / 北京市西城区新街口外大街28号普天德胜大厦主楼4层
电　　话 / (010) 68359827, 68359303（发行部）；68359725（编辑部）
邮　　编 / 100044
传　　真 / (010) 68357870
电子邮箱 / book@ctph.com.cn
网　　址 / http://www.ctph.com.cn

出 版 人 / 乔卫兵
总 策 划 / 刘永淳
策划编辑 / 范祥镇　钱屹芝
责任编辑 / 钱屹芝
营销编辑 / 吴雪峰　董思嫄

排　　版 / 冯　兴
封面设计 / 潘　峰
印　　刷 / 北京玺诚印务有限公司
经　　销 / 新华书店

规　　格 / 710毫米×1000毫米　1/16
印　　张 / 17.5
字　　数 / 261千字
版　　次 / 2023年4月第1版
印　　次 / 2023年4月第1次

ISBN 978-7-5001-7367-0　定价：69.00元

版权所有　侵权必究

中 译 出 版 社

本书获得北京科技大学研究生教材建设项目资助

目 录

绪 论 ·· 1

第 1 章 翻译概述 ·· 7

1.1 翻译定义 ··· 7
1.2 翻译标准 ··· 9
1.3 翻译单位 ··· 11
1.4 翻译策略与翻译方法 ·· 12
1.5 翻译理论与翻译实践 ·· 13

第 2 章 系统功能翻译观与翻译实践 ······································ 17

2.1 系统功能语言学简介 ·· 17
2.2 翻译中形式与意义的关系 ·· 19
2.3 系统功能翻译观：翻译是意义再生和语篇重构 ····················· 21
2.4 系统功能语言学与翻译教学 ··· 23
2.5 系统功能翻译观下翻译理论与翻译实践的结合面 ·················· 25

第 3 章　术语翻译 ··· 28

3.1　通信科技术语翻译 ··· 29
3.1.1　通信科技术语的特点 ··· 29
3.1.2　通信科技术语的构成 ··· 29
3.1.3　通信科技术语的翻译 ··· 31

3.2　计算机科技术语翻译 ·· 35
3.2.1　计算机科技术语的特点 ······································ 35
3.2.2　计算机科技术语的构成 ······································ 36
3.2.3　计算机科技术语的翻译 ······································ 37

3.3　冶金科技术语翻译 ··· 38
3.3.1　冶金科技术语的特点 ··· 38
3.3.2　冶金科技术语的构成 ··· 39
3.3.3　冶金科技术语的翻译 ··· 40

3.4　材料科技术语翻译 ··· 42
3.4.1　材料科技术语的特点 ··· 42
3.4.2　材料科技术语的构成 ··· 44
3.4.3　材料科技术语的翻译 ··· 45

3.5　机械科技术语翻译 ··· 47
3.5.1　机械科技术语的特点 ··· 47
3.5.2　机械科技术语的构成 ··· 48
3.5.3　机械科技术语的翻译 ··· 49

3.6　环境工程术语翻译 ··· 50
3.6.1　环境工程术语的特点 ··· 50
3.6.2　环境工程术语的构成 ··· 51
3.6.3　环境工程术语的翻译 ··· 52

3.7　翻译练习 ··· 54

目 录

第 4 章 经验意义翻译：翻译中及物性过程的选择 55

- 4.1 及物性过程与经验意义的识解 55
- 4.2 翻译中及物性过程的选择与改变 57
  - 4.2.1 翻译中保留及物性过程 57
  - 4.2.2 翻译中转换及物性过程 61
- 4.3 翻译中及物性过程次类型的选择与转换 66
  - 4.3.1 翻译中物质过程次类型的保留与转换 66
  - 4.3.2 翻译中关系过程次类型的保留与转换 69
- 4.4 名物化的翻译：经验意义的重新识解 73
  - 4.4.1 翻译中保留名物化 74
  - 4.4.2 翻译中去名物化 75
- 4.5 复杂修饰语的翻译 84
  - 4.5.1 前置／后置定语的翻译 84
  - 4.5.2 定语从句的翻译 87
- 4.6 从名词修饰语的翻译看译文语言的标记性 94
  - 4.6.1 名词修饰语的句法占位与译文语言的标记性 95
  - 4.6.2 修饰语的结构容量与译文语言的标记性 99
- 4.7 翻译练习 102

第 5 章 语态翻译：语态与主被动的灵活转换 104

- 5.1 英汉语态对比 104
- 5.2 英语被动语态的翻译 104
  - 5.2.1 译为汉语被动句 105
  - 5.2.2 译为汉语无主句 106
  - 5.2.3 译为主动句 110
- 5.3 翻译练习 112

第6章 逻辑意义翻译：依存关系和逻辑语义关系的重构与调整 ... 113

6.1 小句复合体依存关系的调整：并列和主从的切换 ... 114
6.1.1 英汉翻译：主从关系变并列关系 ... 114
6.1.2 汉英翻译：并列关系变主从关系 ... 117

6.2 逻辑语义关系的显化 ... 119
6.2.1 显化因果关系 ... 120
6.2.2 显化条件关系 ... 121
6.2.3 显化并列关系 ... 122
6.2.4 显化类属关系 ... 123

6.3 逻辑语义顺序的调整 ... 124
6.3.1 英文先结果后原因，汉语先原因后结果 ... 124
6.3.2 英文先结果后条件，汉语先条件后结果 ... 126
6.3.3 英文先评论后事实，汉语先事实后评论 ... 128

6.4 长难句的翻译：树型语言和竹型语言的转换 ... 130
6.4.1 英汉翻译：树型语言变竹型语言 ... 130
6.4.2 汉英翻译：竹型语言变树型语言 ... 136

6.5 长难句的翻译：拆分与重组 ... 139

6.6 翻译练习 ... 143

第7章 人际意义翻译：语气和情态系统的选择与重构 ... 145

7.1 语气的翻译：语气的选择与表达 ... 145

7.2 情态的翻译：情态的选择与表达 ... 149
7.2.1 法律文本的情态翻译 ... 150
7.2.2 时政文本的情态翻译 ... 153

7.3 翻译练习 ... 155

第 8 章　人际意义翻译：评价意义的选择与重构 ··············156

- 8.1　评价意义：态度、介入与级差 ··············156
- 8.2　评价意义翻译：多语类文本中评价意义的选择与重构 ··············157
  - 8.2.1　文学文本的评价意义与翻译 ··············157
  - 8.2.2　旅游文本的评价意义与翻译 ··············161
  - 8.2.3　时事文本的评价意义与翻译 ··············163
  - 8.2.4　广告文本的评价意义与翻译 ··············168
- 8.3　翻译练习 ··············170

第 9 章　语篇意义翻译：衔接手段与译文连贯性的重构 ··············172

- 9.1　翻译中的衔接手段 ··············172
  - 9.1.1　衔接手段：语法衔接和词汇衔接 ··············172
  - 9.1.2　翻译中衔接手段的选择和调整 ··············173
- 9.2　翻译中的语义连贯 ··············182
  - 9.2.1　增添语法连接，增强语义连贯 ··············183
  - 9.2.2　再现词汇衔接，增强语义连贯 ··············183
  - 9.2.3　明确语义所指，增强语义连贯 ··············185
- 9.3　翻译练习 ··············186

第 10 章　语篇意义翻译：主位选择与主位推进模式的重构 ··188

- 10.1　翻译中的主位选择与调整 ··············188
  - 10.1.1　翻译中主位的保留 ··············189
  - 10.1.2　翻译中主位的调整 ··············190
- 10.2　翻译中主位推进模式的选择与调整 ··············192
  - 10.2.1　翻译中主位推进模式的保留 ··············193
  - 10.2.2　翻译中主位推进模式的调整 ··············196

10.3 英语主谓句和汉语话题句的转换	197
10.3.1　英汉翻译：主谓句转换为话题句	199
10.3.2　汉英翻译：话题句转换为主谓句	201
10.4 翻译练习	203

第 11 章　语篇意义重构：译文信息焦点的调整 — 204

11.1 信息结构与信息焦点	204
11.2 翻译中信息焦点的选择与调整	205
11.3 单一信息原则对译文的制约	210
11.4 翻译练习	212

第 12 章　语境与意义：翻译中语境对语义的制约 — 214

12.1 语境与翻译	214
12.2 上下文语境与翻译	215
12.3 情景语境与翻译	218
12.3.1　语场与翻译：语场对译文语义的制约	219
12.3.2　语旨与翻译：语旨对译文语义的制约	225
12.3.3　语式与翻译：语式对译文语义的制约	227
12.4 文化语境与翻译	229
12.4.1　文化语境与词义选择	229
12.4.2　文化负载词的翻译	231
12.4.3　翻译中文化背景的补充	236
12.5 翻译练习	238

第 13 章　翻译工具资源 — 239

13.1 翻译工具	240
13.2 翻译类学习网站、语料库及公众号	241

13.3　科技翻译资源 ································· 247

结　语 ··· 252

附录　翻译练习参考答案 ····················· 254

参考文献 ·· 255

绪　论

绪论部分梳理了翻译教材编写现状，介绍了本教材的目标与内容、特色与创新，并阐述教材的编写意义。

1. 翻译教材编写现状

翻译学作为一门独立的学科，教材是重中之重，承担着传递课程理念、表达课程内容的使命，是教师和学生学习翻译知识的重要材料，对翻译教学起着引领和规范的作用。

根据张美芳（2001）的研究，自 20 世纪初至今，我国翻译教材的编写已经历了四个发展阶段，目前正进入"数字化、智能化和网络化"的第五个发展阶段。翻译教材建设可以说"从无到有，从品种单一到种类多样，从作为外语教学的附属教材开始向独立的翻译课程教材演变，从重实践轻理论到开始重视实践与理论相结合，从闭关自守的中国式教材发展到开放式地引入西方译论教材及相关学科理论的翻译教材"。（张美芳，2001：13）

2007 年以来，国内出版了多项较高质量的 MTI 配套教材（如外研社出版的"全国翻译硕士学位系列教材"、中译出版社的"中译翻译教材"、对外经济贸易大学出版社推出的"全国翻译硕士专业学位系列规划教材"、武汉大学出版社的"高等学校翻译专业硕士系列教材"等），突出了 MTI 翻译教学的专业性和职业性特点。中国的翻译教材不同于印欧语言的翻译教材，"反映了翻译研究的社会视角：翻译教材不仅映射了翻译研究发展的过程，而且也打上了中国社会和政治变化的烙印"。（陶友兰，2011：37）

然而，取得成绩的同时，翻译教材的编写也存在一定不足，主要表现在：

（1）理论和实践融合不足

优质的翻译教材应该体现理论对教材编写的影子作用。已有的翻译教材，虽有相关翻译理论的指导，然而理论和实践的融合不到位，译例的分析说明缺乏理据性，教材编写的特色理念不突出。部分教材的译例难以佐证翻译理论的观点，教材编写缺乏系统性、科学性和实用性。此外，翻译教材中介绍文学翻译的内容较多，但翻译市场中科技、旅游、产品说明、合同、广告等文本的翻译需求较大，不能很好地寓翻译理论和方法技巧于广泛的翻译实践中。

（2）忽视翻译过程描写

已有的翻译教材，往往注重翻译策略和方法的总结，强调翻译技巧的罗列，却忽略了翻译过程的描写，对翻译过程中译者思维训练的提升效果甚微。原文和译文的静态对比充分，但翻译过程和翻译转换思维的动态描写相对匮乏。不注重翻译过程描写，只提供完美译文的教材，难以有效提升学习者自身的翻译实践能力。

（3）编写范式相对陈旧

已有的翻译教材，编写范式相对陈旧，多基于客观主义教学观，将翻译知识看作独立于学习心智之外的客观存在，教材中表现为单向传授翻译知识和技能，各种教材重复较多，新意不足。同时，尚未摆脱封闭式编写的窠臼，不能体现大数据翻译资源带来的便捷和优势，与时代有一定脱节。

各高校外语学院翻译硕士的培养依托优质的翻译教材，强调理论和实践融合、重视翻译过程、升级编写范式的翻译教材可有效提升翻译专业硕士的培养水平。本教材项目建设的提出，正是基于上述背景。

2. 本教材的目标与内容

本教材旨在依托系统功能翻译理论，立足大数据资源，结合不同语篇的语类特征，体现系统功能翻译理念对翻译教学和实践的指导作用，研编一部多语类素材丰富的实用功能翻译教材。

本教材主要包括以下具体内容：

（1）依托系统功能翻译理论，探寻翻译理论和翻译实践的结合面

本教材无论在章节安排、内容设置、知识点选取和练习设计上，均以系统功能翻译理论为指导，充分依托翻译理论和翻译实践的结合，围绕相关知识点，进行循序渐进的分解式教学。练习设计紧扣知识点，参考译例丰富，开拓学生的翻译思维，真正体现理论的指导作用。

（2）融入基于语类的语篇翻译教学理念，科学呈现翻译规律

语类是发生在某文化语境中有步骤、有目的、由语域来实现的社会过程，体现为不同的语篇宏观结构（Martin & Rose，2008）。基于语类视角，翻译实际涉及诸多不同的领域。不同语篇的语类功能不同，翻译的策略和方法也会相应存在差异。方平（2005）建议，教材的篇章设计上应涵盖政治经济翻译、科技翻译、文学翻译、实用文体翻译等，以便从教材的角度来加强对学生综合素质的培养，提高他们的翻译适应能力。本教材提供多种语类语篇的翻译体验，体现语类原则，科学呈现翻译规律。

（3）结合大数据的时代背景，甄选优质的翻译素材和数字资源

由"纸质时代"进入"纸质与数字化并存的时代"是当今阅读变化的趋势。教材出版也应利用好时代的发展契机转型升级。结合大数据，利用翻译数据资源挖掘知识、促进创新、提升效果，甄选优质翻译素材，确保素材的真实性、典型性和时效性。充分利用互联网资源，专注翻译教学资源的集合汇总，提供多个专题下的双语检索、翻译软件、信息网站、在线词典、技术标准、app、公众号等资源，为译者提供丰富的翻译工具资源。

本教材的重点主要表现在：

（1）将系统功能翻译的核心理念有机融入教材编写中

如何用通俗易懂的语言将系统功能翻译的基本理念（如及物性过程、语气情态、信息结构、衔接连贯、语境语类等）引入翻译教学，并引导学生加以掌握，是本教材编写的一大重点。淡化相关理论术语，将系统功能翻译理论的概念"去学术化"，注重宏观翻译理念和具体翻译方法的结合，体现出翻译理论对翻译实践切实、有效的指导。

（2）如何结合海量翻译资源甄选体现翻译理论和实践结合面的典型译例

本翻译教材的编写既包括理论知识的讲解，又配备有效的技能训练，让译者做到"知行并举"。系统功能翻译观认为，翻译是一种创建意义的活动，是意义再生和语篇重构。意义体现为翻译时词汇语法的选择。如何结合海量翻译实例，在庞杂的信息资源中甄选典型译例，以理论和实践的结合面为切入点，展示如何有效化解难点，如何对译文正确选择和取舍，让译者深刻理解选择在译文意义构建中的作用，是本教材编写的重中之重。

（3）如何体现纸质教材与数字化资源的互融互补

纸质资源和数字资源并存，能够体现教学资源的共享性、灵活性、开放性和动态性，可以更好地满足译者个性化的学习，有效提升译者的自主翻译能力。体现纸质教材与数字化资源的互融互补，进而达到教学和学习效果的优化整合，也是一大难点和重点。

3. 本教材的特色与创新

本教材的特色与创新主要表现为以下几个方面：

（1）注重研编结合，坚持理论性和实践性的统一

本教材建设注重研编结合，克服了传统教材缺乏系统理论指导的弊端，避免了教材编写中过强的经验色彩。坚持学术性和实践性相结合的原则，教材编写中体现学科前沿和最新研究成果，反映本学科的新理论、新方法和新体系，既能培养翻译硕士应有的学术素养，又紧密联系翻译实践，让学生"知其然"更"知其所以然"，激发学生的主体性和创造性，提升学生的翻译能力。

（2）创新编写模式，研发"纸质+数字资源"的一体化翻译教材

本翻译教材的编写，充分依托系统功能翻译理论，探寻理论和实践的结合面，采取循序渐进的分解式教学，突出过程性知识，选用经典案例，深入剖析，引导学生在翻译过程中内化不同语类文本的特点和翻译规律。纸质和数字化资源并存的一体化教材，拓宽了教学思路，极大地丰富了教学内容，补齐了传统翻译教材的短板，助力创新翻译教材编写

模式。

（3）凸显翻译教学中工具性和人文性的统一

教材编写过程中尊重英汉两种语言的基本事实，充分借鉴语言学家和翻译学家的研究成果，系统地呈现双语差异及翻译中的实践策略。选材考究，全面展示翻译的科学性、艺术性和美学性，让学生切实体会到翻译的简约美、准确美、逻辑美、有序美和整体美，凸显教材工具性和人文性的统一，契合素质教育的培养目标。

（4）体现"学习者友好"的编写理念

翻译教材最终是为学习者服务，应以学习者为中心，体现"学习者友好"的编写理念。本教材的译例是源于生活的真实材料，且涵盖科技、时政、金融、经济、法律、文学、广告等多种语类，译例丰富、贴近生活，更能激发学习者的兴趣。译者的实际翻译能力不仅包括双语转换能力，还包括信息检索、专业信息甄别、网络资源获取能力等，而后者较少在翻译教材中体现和涉及。本教材的数字化资源，涵盖了多个语类翻译所需的术语、数据库、信息网站、翻译工具、微信公众号等多项内容，专注教学资源的大数据汇总，方便用户查询、检索、学习和使用，突出体现了"学习者友好"的编写理念。

4. 编写意义

随着信息科技的发展和云计算的广泛应用，"大数据"的概念和技术已逐步渗透到教育教学的多个领域，使得教学资源数字化成为不可回避的趋势。纸质教材创新乏力，转型升级的新型教材需求迫切。大数据时代，翻译人才培养的专业化、市场化、实战化需求愈加凸显。本书立足大数据翻译资源，依托系统功能翻译理论，旨在研编一部纸质与数字资源并存的新型翻译教材，具有重要的学术意义和实践价值。

本教材的研发具有重要的学术意义和实践价值，具体表现在以下方面：

（1）学术意义

① 加强理论对教材编写的指导作用，深化翻译教材研究

本教材建设突出研编结合，重视理论对教材编写的指导作用。优质

的翻译教材，能够体现翻译领域的最新研究成果和实践技能方法，反映本领域的新理论、新方法和新规范。本教材的编写，体现了系统功能翻译研究的丰硕成果，也可深化翻译教材及教材编写的理论研究。

② 改变封闭式编写路径，创新翻译教材编写模式

教材研发是翻译学学科建设系统工程的重要方面，承担着传递课程理念、表达课程内容的使命，对翻译教学起着引领和规范的作用。本书采纳新的教材编写理念，以系统功能翻译理论为宏观指导，改变了以往封闭式的编写路径，充分利用大数据翻译资源，助力创新教材编写模式。

（2）实践价值

① 助力优化翻译专业人才的培养质量，切实提升译者的自主翻译能力

自 2007 年国务院学位委员会批准设立翻译硕士专业学位（MTI）以来，已有 215 所高校获准试办 MTI 专业，培养计划中设置了各类翻译课程。2022 年 9 月 14 日，教育部发布新版《研究生教育学科专业目录》，翻译被列入文学学科门类专业学位类别，可授予硕士、博士专业学位。本项目研发的教材，有助于学生全面、系统地把握原文意义，并选用适当的语言形式重构意义，明确语域差别，提高语类意识和多维语境观，进而优化我国翻译人才的培养质量，提升译者的自主翻译能力。

② 促进翻译教学的系统性和科学性，加速翻译教学的信息化和数字化

成熟的翻译教材应具有科学性和系统性。本教材依托系统功能翻译理论，统筹安排教学内容、教学安排、教学素材和教学测试，既有理论和方法的系统性，又有技能训练的系统性，有效促进翻译教学的系统性和科学性。此外，数字资源的整理和汇总，能更好适应 MOOC、SPOC、混合式教学等新兴课堂教学模式，加速翻译教学的信息化和数字化。

第 1 章　翻译概述

本章简要梳理了翻译研究及翻译实践中的基本核心概念,包括翻译定义、翻译标准、翻译单位、翻译策略与翻译方法、翻译理论与翻译实践的关系等。

1.1　翻译定义

翻译是一项历史悠久的活动。在人类发展的历史过程中,翻译几乎和语言一样古老。自古至今,翻译的定义林林总总,种类繁多。传统的定义常把翻译看作"一种语言到另一种语言的转换"。在《现代汉语词典》(第七版)中,翻译指"把一种语言文字的意义用另一种语言文字表达出来(也指方言与民族共同语、方言与方言、古代语与现代语之间一种用另一种表达);把代表语言文字的符号或数码用语言文字表达出来"。《牛津在线学习者词典》[①] 将 translation 定义为"the process of changing something that is written or spoken into another language"(把一种书面或口头的语言转换成另一种语言的过程)。方梦之主编的《译学辞典》将翻译界定为"传递信息的语言文化活动"(2004:9)。张培基(1983)认为,翻译是运用一种语言把另一种语言所表达的思维内容准确而完整地重新表达出来的活动。张今(1994)认为,翻译是两个语言社会之间的交际过程和交际工具……它的任务是要把原作中包含的现实世界的逻辑映像或艺术映像,完好无损地从一种语言中移到另一种语言

---

① 参见 www.oxfordlearnersdictionaries.com/(2023-02-01)

中去。

　　现代翻译研究对翻译定义的探讨更为深入。Jakobson（1959/2000）认为，翻译是用其他语言来解释原文语言符号，并将翻译看作将一种语言中的信息替换为另一种语言中的完整信息的过程，而非替换为孤立的语码单位。"对等"概念在翻译研究中至关重要，不少研究都是围绕对等概念对翻译加以定义。例如，Catford（1965：20）认为，翻译是用一种语言（译语）的对等文本材料去替换另一种语言（源语）的文本材料（Translation is the replacement of textual material in one language by equivalent textual material in another language）。Nida & Taber（1969：12）指出，翻译是"从语义到文体风格在译语用最贴切、自然的对等再现源语信息"（Translation consists in reproducing in the receptor language the closest natural equivalent of the source language, first in terms of meaning and secondly in terms of style）。Wills（2001：6）认为，翻译是"解构"（deverbalizing）和"重构"（reverbalizing）的过程：从源语文本到译语文本，使译语文本尽可能对等，并以理解原文的内容与风格为先决条件（Translation is a process of "deverbalizing" and "reverbalizing"; it leads from an source language text to a target language text which is as close an equivalent as possible and presupposes an understanding of the content and style of the original）。Barkhudarov（1985：4）认为，翻译是一种语言的言语产物（即话语）在保持意义不变的情况下改变为另一种语言的言语产物。

　　专业工具书如 *Handbook of Translation Studies*（Gambier & Doorslaer, 2010）以及翻译研究读本如 *A Critical Introduction to Translation Studies*（Boase-Beier, 2011），对翻译的定义尽管加入了语言学、社会学、阐释学、传播学、认知科学等多学科的多元视角，但关注点仍聚焦在把信息"从一种语言"转换为"另一种语言"。

　　Neubert & Shreve（1992：119）把翻译看作"文本诱发的文本生成"（translation as text-induced text production），强调了翻译作为文本的基本属性。Snell-Hornby（1995：46）将翻译定义为用文化 Z 的语言 z 提供的信息，模仿文化 A 的语言 a 提供的信息，以达到预期的功能（I have defined translation as information offered in a language z of culture Z which imitates information offered in language a of culture A so as to fulfill the desired function）。Lefevere（1992/2016）把翻译视为一种重写（rewriting），进一步体现了翻译的复杂性。

事实上，由于翻译是最为复杂的活动。简单粗暴地给翻译下一个明确的定义并非可取。正如Tymoczko（2002：46）所言，"翻译是个集合概念，给其下一个明确的定义是不可能的，如同游戏这一概念难以界定每一种游戏活动的具体特征一样，没有哪个翻译定义能够提供一个必须、充分的条件，包揽一切翻译现象"。

1.2　翻译标准

翻译标准是翻译研究和翻译实践的核心议题。中外学者基于不同的视角，阐述了对翻译标准的看法。

清末翻译家严复（1898）在《天演论》"译例言"中提出"译事三难，信、达、雅"，"信、达、雅"的标准对后世的翻译产生了深远的影响。"信"指译文要忠实准确，不偏离，不遗漏，也不随意增减意义；"达"指译文要通顺明达，不拘泥于原文形式；"雅"指译文的选词要得体，以求译文的雅致。林语堂（1933）在为吴曙天编选的《翻译论》一书所作的论序《论翻译》中提出"忠实、通顺、美"的标准，与严复的"信、达、雅"有异曲同工之妙。面对"原文不雅，译文是否还应雅"的质疑，刘重德（1983）把严复的"信、达、雅"修改为"信、达、切"，"信"指"保全原义意义"，"达"指"译文明白通顺"，"切"指"切合原文风格"。

傅雷在1951年《高老头·重译本序》中开篇即说："以效果而论，翻译应当像临画一样，所求的不在形似而在神似……要求传神达意，铢两悉称，自非死抓字典，按照原文句法拼凑堆砌所能济事。"1963年，傅雷致罗新璋的复信中再次明确提出："愚对译事实看法甚简单，重神似而不重形似。"傅雷的"形似神似"说更符合文学翻译的标准。钱钟书

（1989）提出，文学翻译的最高标准"化境"：文学翻译的最高理想可以说是"化"。把作品从一国文字转变成另一国文字，既不能因语文习惯的差异而露出生硬牵强的痕迹，又能完全保存原作的风味，那就算得入于"化境"（同上：79）。罗新璋在《我国自成体系的翻译理论》中指出，中国传统译论分为四个既独立又关联的阶段"案本——求信——神似——化境"。

国外的翻译标准同样体现了强调忠实、通顺和译作风格的传统。Tytler 在 1970 年《论翻译的原理》一书中提出了翻译的三原则，即翻译的三标准：译文应完整复写出原作的思想；译文的风格和笔调应与原文的性质相同；译文与原作同样流畅。"翻译对等"是翻译标准中最常提及的概念。翻译的语言学派尤其强调翻译对等，这几乎已经成为翻译标准的最高原则。

从语言对应的角度探讨"翻译对等"，容易导致"原文至上"的静态翻译观。文化学派的翻译理论激烈地批判了"翻译对等"的概念，打破了人们对翻译对等的固有执念。然而，这并不代表学界抛弃了"翻译对等"，事实上，"对等"在翻译研究中具有不可取代的地位，至今尚未有其他概念比之更深入人心。Catford 提出的"翻译对等"和"翻译转换"概念几乎是翻译研究中使用频率最高的一组术语。随着研究的不断深入，研究者对翻译的认知也愈加深刻和全面。20 世纪以来，描述翻译学兴起并发展，"对等"和"转换"也成为描述性研究中的最重要分析工具。研究者也逐步认识到对等概念的相对性和工具性，不再把对等视为绝对的状态。Malmkjaer（2002：111）指出，翻译研究中难以舍弃对等或类似概念，因为如果把译文看作原文的翻译，两者就必定存在某种关系。若要探究翻译、误译，乃至具有争议的差异和非翻译的特定问题，对等概念便极为重要。

在翻译批评和翻译教学中，"对等"更是重要的核心概念。House（1977，1997，2001）将"对等"作为翻译质量评估模式的基石，认为译文是受到双重制约的文本：一方面受制于原文，一方面受制于目标语言的语言现实。

德国功能学派翻译根据文本类型的不同，阐述了不同的翻译标准。Reiss（1977/1989）依据文本功能，将文本类型分为三大类：信息型文本（informative text）、表达型文本（expressive text）和诱导型文本（operative text）。信息型文本重内容（content-focused），如产品说明书、操作指南、商业公文等；表达型文本重形式（form-based），如诗歌、小说、散文等；诱导型文本重诱导（appeal-focused），如广告、辩论、政治宣讲等。不同文本类型的翻译标准不同：信息型文本应直白易懂，注重传达原文的信息内容；表达型文本应注重传达原文的审美和艺术形式；诱导型文本应注重在译文读者中产生预想的效果和反应。

德国功能学派的另一位领军人物 Vermeer 提出了"目的论"，认为翻译作为一种交际行为，翻译行为所要达到的目的决定整个翻译行为的过程（Nord，2001：124）。翻译策略也须根据翻译目的加以选择和调整。Vermeer 指出了目的论的三大原则：目的原则（skopos rule）、连贯原则（coherence rule）和忠实原则（fidelity rule）。目的原则即"目的决定手段"（the ends justify the means）；连贯原则又称"语内连贯"（intratextual coherence），即目的语文本是可接受且有意义的，与目的语环境连贯一致；忠实原则又称"语际连贯"（intertextual coherence），即源语文本与目的语文本之前存在语际连贯（Nord，2001：32）。三原则之间的关系表现为：忠实原则服从连贯原则，忠实原则和连贯原则共同服从目的原则。这便意味着三原则发生冲突时，目的原则具有最高的优先级，其次为连贯原则，最后为忠实原则。

上文论述可以看出，学界对翻译标准的认识不断深入，且结合不同文本类型、翻译目的探讨了翻译标准的多样性，译者在执行翻译任务时，也应根据实际情况，综合考虑采用何种翻译标准。

1.3 翻译单位

翻译单位（translation unit）同样是翻译研究的核心概念和重要研究课题。自 Vinay & Darbelnet（1958）提出翻译单位的问题以来，一直是翻译学界关注的重点。划分翻译单位是翻译分析阶段的基本任务。

Barkhudarov（1993）将翻译单位界定为"译入语中有对等项的最小源语单位"。Shuttleworth & Cowie（1997）将翻译单位看作源文本在译入语中被重新编码的语言层次。还有学者将翻译单位看作"源语文本的最小片段，该片段在中介语中对应的基本意群同样能和译语文本的某一片段对应"（转引自杨仕章，2006：127）。王福祥、郑冰寒（2019：99）认为，翻译过程中译者须选择在一定的语言层面对原文进行切分，逐一转换为译文片段，在对各译文片段进行词法、句法，甚至篇章层面的调整和加工后，产出供目的语读者阅读的译文，这些译者操作的原文语言片段即为翻译单位。翻译单位可大可小，小至词素、词，大至一组句子、一个语段，均可看作翻译单位。

经过半个多世纪的发展，翻译单位的研究逐步形成产品和过程两种研究指向。产品指向的翻译单位研究者从形式切分、意义确定、语篇—功能分析的视角采用规定性或描写性的方法围绕何种语言层次可以作为翻译单位展开讨论；过程指向的翻译单位研究者将翻译单位看作译者的注意力单位或认知单位，重点考察译者选择翻译单位的过程及其呈现的认知特征。（王福祥、郑冰寒，2019：99-100）

系统功能翻译观倾向将小句（clause）作为翻译的基本单位。小句是话语分析中最灵活的语言成分，译者可根据话语分析的需要在翻译中灵活地转换，容易实现原文与译文的对等（罗选民，1992：32）。小句的长度也符合工作记忆容量限制的要求（Bell，1991：223；Malmkjaer，1998：286），无论是作为分析单位，抑或转换单位，小句均具有独特的优势。翻译中译者认知加工的基本内容是命题，而小句是命题的具体语言表达形式（Bell，1991：136）。小句作为翻译单位可以摆脱把词语作为翻译单位给语言分析带来的困难，更符合意义选择和意义表达的规律。

1.4 翻译策略与翻译方法

翻译策略和翻译方法是两个不同的概念。翻译策略是翻译的方式和方法。许均、穆雷（2009：12）认为，翻译策略是"根据所涉语言文化的诸多因素及要求而指定的行动方针和翻译方式"。自古至今形形色色的翻译策略可以归为两大类：归化式翻译策略和异化式翻译策略。前者试图从内容到形式上将源文本"本地化"，使目标文本读起来像译入语中的原创文本一样；后者试图从内容到形式将源文本"原封不动"地搬入译入语，使目标文本读起来像源语作品一样（同上：12）。

与翻译策略相比，翻译方法则更为具体，侧重实际操作层面的技巧。翻译方法是"解决把源文本转换成目标文本问题的门路和程序"（许均、穆雷，2009：12）。据不完全统计，翻译教程和翻译研究所涉及的翻译方法包括但不局限于直译、意译、增译、减译、省译、释译、借译、转译、分译、合译、语态转换、词类转换、词义引申、词义泛化、词义具体化、添加注释等，这些均为具体"翻译方法"的讨论范畴。

值得注意的是，Venuti 所提出的"归化"和"异化"的翻译策略不等同于传统翻译研究中的"直译"和"意译"。"归化"和"异化"作为翻译策略，其所指涵盖面大于作为翻译方法的"直译"和"意译"（许均、穆雷，2009：13）。翻译策略应放在更为宏大的社会、历史、政治和文化背景下加以理解，翻译方法更侧重具体操作层面的技巧和方法。

本书将在系统功能翻译理论的指导下，依托翻译理论与翻译实践的结合面，总结实用的翻译策略和有效的翻译方法。

1.5　翻译理论与翻译实践

翻译理论具有三种基本内涵：提供理解翻译现象和活动的概念框架；提供描述与解释翻译现象和活动的思维方式；提供认识翻译现象和活动的价值观念（穆雷、邹兵，2015：19）。这三重内涵也决定了翻译理论的多重功能：认知功能、解释功能、预测功能、方法论功能、批判功能、指导功能、检验功能和评价功能等。可见，翻译理论对翻译实践的确具有指导、解释和评价的作用，译者应该对重要的翻译理论有基本的了解。

刘季春（2016）在《实用翻译教程》（第三版）中也明确指出，懂点翻译理论，有助于译者更好地完成翻译任务。事实上，翻译理论能为译者更好地解决"如何翻",同时也回答了"为何如此翻"的问题。两者结合起来能让译者不仅"知其然",更"知其所以然"。因此,翻译教学中也应充分重视翻译理论与翻译实践的关系,更好地将两者加以融合。

回顾翻译理论发展的历史,翻译研究者对翻译本质、翻译特点、翻译标准、翻译策略和方法的讨论,均直接或间接地影响着翻译实践,深化了对翻译现象的认识和理解。

西方最早的翻译理论家西塞罗,首次区分了"作为解释员"和"作为演说家"的翻译,指出此两种翻译所强调的内容存在差异。"作为解释员"的翻译强调对原文基本意义的再现,"作为演说家"的翻译则更强调翻译的创造性和翻译效果。西塞罗的翻译分类为此后翻译研究中直译和意译、逐字译和自由译、忠实和不忠实、准确和不准确的讨论,奠定了基石,同时也代表了翻译实践中的两种基本类型,对翻译实践具有深远影响。

除西塞罗外,西方翻译史上众多翻译理论,既是基于翻译实践的高度总结和抽象概括,同时又反过来进一步影响并指导着翻译实践。

昆体良提出"与原作竞争";哲罗姆主张"《圣经》翻译用直译,文学翻译用意译";中世纪的波伊提乌认为,翻译宁要"内容准确",不要"风格优雅";文艺复兴时期的路德认为,翻译必须采用民众的语言;多雷提出了"翻译五原则",即译者必须理解原作内容,通晓两种语言,避免逐词对译,采用通俗形式,注重翻译风格;德莱顿提出了翻译三分法:"词译""释译"和"拟译";德国的施莱尔马赫发表了《论翻译的方法》(1813)一文,从理论上阐释了翻译的原则和方法,明确区分了"笔译"和"口译"(参见 谭载喜,2006:107)。语言哲学和比较语言学的创始人威廉冯洪堡结合《阿伽门农》的诗学翻译经验,论述了翻译的"可译性"和"不可译性",以及翻译的"朴实"和"忠实"原则。Levy(1967)认为"翻译是一个抉择的过程"。Jakobson(1959/2000:127)最早将翻译分为语内翻译(intralingual translation)、语际翻译(interlingual translation)和符际翻译(intersemiotic translation),极大地拓展了翻译研究所涵盖的范围。

费道罗夫(Fedorov)认为翻译理论应由翻译史、翻译总论和翻译分论三部分组成，尤其强调了要从语言学理论的视角来研究翻译。由于翻译活动涉及源语和译语两种语言，语言学路径的翻译研究对翻译实践具有更为明显的作用。围绕语言分析展开并主要依据语言学理论进行的翻译研究均可看作语言学路径的翻译研究。Jackobson 被视为语言学路径翻译研究的奠基人。Jackobson（1959/2000）从语言学的角度，就语言与翻译的关系、翻译的重要性及翻译普遍存在的问题，做出精辟论述。Jackobson（1960）提出了翻译的六要素及其六功能理论，影响了后人的研究。

J. P. Vinay 和 J. Darbelnet 合著的《法英比较文体学：翻译方法论》（1958）一书从词汇、句法和信息三个平面，对源语和目的语进行细致的比较和分析，区分了"翻译方法"和"翻译过程"，认为翻译研究需要细致地考察译语系统各个层面、各个语言成分在翻译过程中表达意义的方式，而非意义本身。翻译方法分为"直接翻译"和"间接翻译"，同时列举了每种类别下面的细化方法。

Catford（1965）是语言学路径中较早系统提出翻译理论的学者，其借助的语言学理论正是系统功能语言学的早期理论"阶和范畴"语法。Catford 在"阶和范畴"的语言学框架下系统地讨论了翻译的定义、分类、翻译对等、翻译转换和可译性限度等诸多方面的问题，尤其是"翻译对等"（translation equivalence）和"翻译转换"（translation shift）的提出，成为语言学路径翻译研究的基本概念。翻译是"用一种对等的语言（译语）文本材料去替换另一种语言（源语）的文本材料"，翻译实践的核心问题就是找到译语中此种的对等项，而翻译理论的中心任务则是界定翻译对等的本质和条件（Catford，1965：20-21）。Catford 将翻译研究从经验式、印象式、评注式的语文学研究的传统模式中解脱出来，提出了一套比较完整的理论模式，使其更具客观性和科学性。

美国学者 Nida（1964）提出了"动态对等理论"，把翻译过程描述为一种原文信息的解码，和译文信息的编码重组过程，提倡翻译的目的就是使译文接受者产生与原文接受者相同的接受效果。Munday 对 Nida 的译学思想予以很高的评价，认为其使翻译理论摆脱了一直以来"直译"和"意译"的争论，形式对等和动态对等的概念把读者置于复杂翻译现象的中心，对译学界产生巨大影响（Munday，2001：53）。

20世纪90年代，语言学路径的翻译研究取得新的进展，语篇分析路径影响不断加强，Juliane House依托系统功能语言学提出翻译质量评估模式，Basil Hatim和Ian Mason（1990，1997）提出三维语境分析模式，Mona Baker（1992）提出功能分析模式，等等，呈现出语篇分析在翻译研究和翻译实践中的作用。

随着语篇分析研究的深入和系统功能语言学的不断发展，话语分析路径的翻译研究逐步显示出更大的优势。Munday & Zhang（2017）梳理了话语分析在翻译研究中的学术历程，介绍了该研究领域的十位领军人物，讨论了翻译中的衔接连贯、主位结构、评价意义等多个议题。Wang & Munday（2021）介绍了话语分析路径翻译研究的最新进展，采用多路径的话语分析方法，探究社会文化和意识形态如何在翻译（包括笔译和口译）过程中加以干预和协商。该书对翻译研究的话语分析做出了非常宝贵的理论和方法贡献。Wang & Ma（2022）勾勒了系统功能翻译研究的研究概况，通过学术采访的独特对话形式，梳理了本领域知名学者的学术贡献，这些学者包括Christian M.I.M. Matthiessen、Erich Steiner、J. R. Martin、Juliane House、Jeremy Munday、Adriana Pagano和Akila Sellami-Baklouti，他们关注系统功能翻译研究中不同主题下的内容。Kim，Munday，Wang & Wang（2021）介绍了系统功能语言学和翻译研究交叉领域的发展，汇集了系统功能语言学和翻译研究的领军学者，呈现出强烈的跨学科意识和多途径的研究方法。其目的在于展示系统功能语言学和翻译研究界面研究的价值和潜力，并勾勒出未来的研究蓝图。

本教材正是基于系统功能语言学和话语分析的最新发展，将系统功能翻译观融入翻译教学，充分展现翻译理论对翻译实践的解释、指导和预测作用，将理论和实践融合在翻译学习的统一过程中，是本翻译教材编写的新尝试。

第 2 章 系统功能翻译观与翻译实践

本章基于系统功能语言学,阐述了翻译中语言形式和意义的关系,介绍了系统功能翻译观的主要内容,指出系统功能翻译观对翻译实践和翻译教学的指导和作用,并梳理翻译理论与翻译实践的结合面,奠定本书的编写基础。

2.1 系统功能语言学简介

系统功能语言学(Systemic Functional Linguistics)自 20 世纪 50 年代萌芽以来,历经几十年的发展,在其理论创始人 M. A. K. Halliday 以及众多系统功能语言学者的共同努力下,已成为当今世界最有影响力的语言学流派之一。它广泛吸收了前人的研究基础,包括伦敦学派创始人 J. R. Firth 的系统和功能的思想、布拉格学派的功能句法观和动态交际理论、Lamb 的层次语法、Sapir 和 Whorf 的语言相对论、Labov 的社会语言学、Hjemslev 的语符学理论,以及语言学之外的诸多研究,如人类学家 Malinowski 的语境思想、Bernstein 的语码理论等,逐步发展成为系统全面、解释力强大的语言学理论。

不同于以 Chomsky 为代表的转换生成语言学的基本理念,系统功能语言学认为"语言是一种资源"(language as a resource),而非"语言是一系列规则"(language as a system of rules)(Martin,1992:3)。系统功能语言学把语言看作创建意义的社会活动,注重语言的功能及其社会属性,把语境中的语言看作"意义创建的源泉"(a resource for making meaning)(Halliday & Matthiessen,2004:23)。这就意味着语言被看作一个意义系统（semiotic system），蕴含丰富的意义潜势（meaning potential）。语言既然作为意义潜势，意味着它能为语言使用者提供一系列可供使用的意义资源，而这些意义资源又是通过不同的语言形式加以体现的。

系统功能语言学采用整体性的研究途径和综合的研究视角，认为语言具有三大元功能：概念功能（ideational meta-function）、人际功能（interpersonal meta-function）和语篇功能（textual meta-function），分别对应语言的概念意义、人际意义和语篇意义（Halliday，1994；Halliday & Matthiessen，2004，2014）。概念功能和人际功能是语言识解外部世界（包括物质世界、心理世界、逻辑世界和交际世界）的功能，语篇功能是语言本身在执行概念功能和人际功能时所实施的功能。概念功能可进一步分为经验功能（experiential meta-function）和逻辑功能（logical meta-function）。其中，经验功能是语言对人类在客观世界和主观世界的各种经历的表达，是对过程和事物的反映；逻辑功能是对语言中两个及两个以上意义单位之间逻辑关系的表达。人际功能是对人与人之间交际关系的反映，包括说话者之间的社会地位和亲疏关系，对事物可能性和概率性的判断和估计，对事物和他人的态度、评价和推断，等等。语篇功能是把语言成分组织为语篇的功能。系统功能语言学将小句（clause）看作语言的基本分析单位，小句可以同时实现概念、人际和语篇三种功能，即同时体现概念、人际和语篇三种意义。

系统功能语言学中，小句是词汇语法级阶上最高级阶的语法单位（Matthiessen et al, 2010：71）。小句可以通过三重视角（trinocular perspective）加以描述：（1）自上而下的视角（from above），即从语义层出发，考察意义如何由语法范畴来体现；（2）自身的视角（from roundabout），即从词汇语法层出发，分析特定语法范畴和其他语法范畴之间的联系；（3）自下而上的视角（from below），即从形态学和音系学出发，探讨语法范畴是如何体现的（Halliday，1995/2002：408-409）。

系统功能语言学将语言视为创造意义的资源，全面描述了词汇语法选择和社会文化语境之间的关系，为话语分析提供了全面、适用的综合框架和理论工具。作为一种以意义和功能为导向的语言学理论，系统功能语言学提供了多个维度来定义语言的全局和局部组织，包括元功能维（概念功能、人际功能和语篇功能），语言层次维（语境层、语义层、词汇语法层、音系层和语音层），实例化维（从意义潜势到语言实例），轴度维（横轴或纵轴），级阶维（从语素到小句复合体的单位）和精密度维（一般到具体）（参见 Halliday & Matthiessen，2014，32）。这些维度共同构成了整体的、多维的意义分析模型，用于分析源语文本和译语文本的意义。语言的意义潜势正是通过上述多个语言维度得以组织的（Halliday，2009：61-2）。

Halliday 将系统功能语言学称为一种"系统—结构理论"（system-structure theories）（2009）。具体而言，"系统—结构理论"是指将"系统"和"结构"作为两个最基本的语言组织概念，充分重视索绪尔对语言聚合关系（paradigmatic relation）和组合关系（syntagmatic relation）的论述，以及聚合和组合之间的关系（Halliday，2009：63）。Halliday 进一步将其称为"双轴思维"①（biaxial thinking）——既关注横轴的组合关系，又关注纵轴的聚合关系。这种双轴思维的语言学理论与翻译具有天然的密切联系，因为翻译活动同样涉及意义的选择（体现纵轴聚合关系）和意义的组合（体现横轴组合关系）。意义的组合反映出意义选择的结果，通过对照不同的组合关系，可窥测意义选择的不同。这也成为系统功能语言学思想和翻译的重要契合点。

2.2 翻译中形式与意义的关系

翻译与语言密切相关，翻译过程的分析和描述需要借助语言学理论。系统功能语言学关注"选择"和"意义"，与翻译有着天然的联系，有助于更科学地解读形式的选择与意义的构建之间的关系。

形式与意义的关系是翻译研究中由来已久的重要议题。有的研究认为，翻译重在意义的传递，不应拘泥于具体的语言形式；有的研究

---

① 这种语言学的双轴思维起源于 20 世纪中叶，代表人分别为布拉格学派的 Trubetzkoy，哥本哈根学派的 Hjelmslev 和伦敦学派的 Firth。

认为，翻译中选取的形式，会影响意义的表达，不可随意选择语言形式。系统功能语言学对形式和意义的讨论，对于翻译具有深刻启示。系统功能语言学认为，语言形式是体现意义和功能的必要手段，词汇语法（lexicogrammar）是意义生成的动力（powerhouse）。语言的形式和意义可以看作一张白纸的正反面，相互依存，不可分割。换言之，形式是意义的形式，意义是形式的意义。翻译中形式和意义的关系是核心议题之一，不注重对形式的分析，就不可能全面、准确地把握原文的意义；不注重对形式的选择和取舍，也不可能全面、准确地传达原文的意义。

可见，形式和意义并非二元对立，而是相辅相成、不可分割的。语言形式是体现语言意义和功能的必要手段。基于此，形式是意义的形式，意义是形式的意义。"形式体现意义"（form realizes meaning），"意义驱动形式"（meaning motivates form）也成为系统功能语言学遵循的一条基本原则。形式和意义的此种辩证统一关系，可称作"形式意义统一律"。选择不同的词汇语法形式，是为了构建不同的意义；同样，为了达到某种意义构建的目的，词汇语法的选择也不是任意的，而要受到相关意义的驱使。无论概念意义、人际意义还是语篇意义，均是如此。

系统功能语言学正是倡导此种自然语法（natural grammar）。所谓自然语法，是指语法形式和编码中所生成的意义是自然联系的，表意（meaning）和措辞（wording）之间的关系并非任意（Halliday，1994：F43）。措辞体现意义，意义由措辞加以体现。为了进一步说明形式和意义的关系，系统功能语言学利用语言分层或层次化的思想，阐述了词汇语法层中语言形式用来体现语义层中意义的观点。Halliday（1994）、Halliday & Matthiessen（2004）全面论述了三元意义在语言系统中的词汇语法体现形式。通常而言，经验意义由及物性过程（process）和语态（voice）加以体现，逻辑意义由相互依存关系（并列或主从）和逻辑语义关系（扩展或投射）来体现，人际意义由语气（mood）和情态（modality）和评价成分（appraisal）加以体现，语篇意义由主述位结构（Theme/Rheme）、信息结构（information structure）和衔接手段（cohesion）加以体现。

2.3 系统功能翻译观：翻译是意义再生和语篇重构

Fawcett（1997）在前言部分讨论了翻译和语言学理论之间的关系，认为译者如果缺乏语言学的基础，就像是工匠干活却没备齐工具。此种观点既没有对语言学弃之不顾，也没有夸大语言学对翻译的作用，而是客观指出翻译中确实有很多内容只能通过语言学加以描述和解释。可以说，系统功能语言学作为一种关注意义和选择的理论，所提供的工具是最全备、最系统的。

系统功能翻译观是指系统功能语言学视域下的翻译观，体现了系统功能语言学的语言观和意义观，相比其他的翻译观有其自身的特点。系统功能语言学突出选择的思想，把翻译看作一种创建意义的活动，是意义重构和语篇再生的过程。下文将详细阐释系统功能翻译观，指出它对翻译实践的指导作用和启示意义。

（1）翻译是创建意义的活动，是意义重构和语篇再生

"翻译是一种创建意义的活动，如果没有意义的创建，便不能称之为翻译"（Halliday，1992：15）。系统功能语言学把语言看作一种意义系统或意义潜势（meaning potential），形式依附于意义，并体现意义；注重"选择"的思想，认为语言是一个复杂的系统网络，系统内部的各个选择之间相互关联。词汇语法的不同选择，构成了不同的意义。从语篇生成的角度看，翻译也可看作语篇再生，即文本意义如何在文本创建的过程中得以发生。翻译作为一种意义创建活动，译文语言形式的选择正是意义构建的过程。从该意义上讲，意义即选择，选择即意义。这也是形式意义统一律的思想。

系统功能语言学研究的意义是广义上的意义，即语篇在所有语言层上都有意义，既包括表达层的意义，也包括内容层的意义。翻译作为创建意义的活动，在所有语言层上均发生了意义创建的过程。语篇的意义也是在各个语言层上选择之后的综合结果。无论是机器翻译还是人工翻译，翻译最基本的问题都是选择问题。系统功能语言学强调"语言是意

义资源，意义是选择"这一基本观点，有助于在特定的情景和文化语境下，更精准地在意义重构和语篇再生的过程中加以选择。

（2）翻译中的意义有概念、人际和语篇三元之分

系统功能语言学强调语言的社会性和功能性，认为语言具有三大元功能：概念功能、人际功能和语篇功能。概念功能用来识解外部世界和内心世界，人际功能用来识解交际世界，而语篇功能则是语篇内部的组篇功能。概念功能体现为作为表征的小句（clause as representation），人际功能体现为作为交换的小句（clause as exchange），语篇功能体现为作为消息的小句（clause as message）。概念功能、人际功能和语篇功能分别对应语言的概念意义、人际意义和语篇意义。概念意义在词汇语法层主要体现为及物性过程，人际意义体现为语气、情态和评价系统，语篇意义体现为主位结构、信息结构和衔接手段。小句可以同时实现此三种意义。翻译中无论读解原文意义还是重构译文意义，都要从这三方面入手，并在三元意义之间做出取舍。可见，系统功能语言学中的意义是概念、人际、语篇三元一体的意义，翻译中意义的创建要顾及这三个方面。

（3）翻译是一种多元语境化行为

意义的确定要放在一定的语境中，离开了语境，意义便是飘忽不定的。系统功能翻译研究中的语境指的是话语活动的内部和外部环境所具有的特征。意义是一定的上下文语境、情景语境和文化语境中的意义。早在1935年，Malinowski就已经提出把翻译看作是语言结构的重复语境化过程的观点。Matthiessen（2001）结合语言维度，进一步明确了"任何翻译行为都是多元语境化行为"的观点，强调了翻译"自上而下"的语境化过程。翻译作为多元语境化意味着翻译要与文化语境、情景语境和上下文语境结合起来，三种语境对原文和译文语言形式的选择均会带来影响。系统功能语言学视角下的翻译讨论的是交际语境下的真实翻译，而不是理想状态下与实际脱轨的假想翻译，强调语言和多元语境的关系，注重语言使用的真实性和交际性。

（4）翻译对等是相对的，主张翻译对等价值和翻译对等类型观

翻译对等是翻译中的核心概念。系统功能翻译观认为，翻译对等不

是绝对的,而是一种方便描述的相对概念。翻译对等是一种工具性概念。对等是相对的,因为两种语言的语言系统总会在某种维度上有所差异,绝对意义上的对等几乎不存在。Halliday(2001)结合系统功能语言学的层次维、元功能维和级阶维,提出了"对等类型观"(equivalence typology)及"对等价值"(equivalence value)的概念,认为不同语言层次的翻译对等、不同元功能的翻译对等或不同级阶上的翻译对等会有高低不等的价值。一般而言,语言层次越高、级阶越高,翻译对等价值也越高;三元功能中,概念功能的翻译对等价值通常最高,只有当概念功能可被忽略时,人际功能或语篇功能才具有更高的翻译对等价值。由此可以看出,翻译对等是多维度、多类型的,是相对的而非绝对的概念。系统功能翻译观强调了翻译对等的相对性和翻译对等类型的多样性,有助于译者在不同情况下做出恰当的选择。正如Yallop(2001:242)所言,对等都是有限的等同,对等不是基于完全等同的对等,而是基于"相似多样度"的对等。

系统功能翻译观更多探讨不同类型的翻译对等中不同翻译对等价值的高低。意义受制于语言的社会文化语境,翻译中寻求意义的对等实际上是寻找译语文化中该情景语境下的功能对等。同时,翻译转换和翻译对等也不是对立的概念。Matthiessen(2001:78)借用系统功能语言学渐变体(cline)的思想,把翻译对等和翻译转换看作译语和源语差异渐变体上的两端。翻译选择正是在两者之间左右移动。翻译环境越宽,翻译对等程度越高;翻译环境越窄,翻译转换程度越高。翻译对等是一个相对的、工具化的概念,追求绝对的对等不必要也不现实。

可以看出,系统功能翻译观突出意义选择、意义重构、语篇再生和多元语境化的思想,以系统功能翻译观为指导的翻译应着重体现上述理念,并在实践过程中加以实施。

2.4 系统功能语言学与翻译教学

系统功能语言学重在关注意义和意义的体现形式,相比乔姆斯基

（Chomsky）或者布龙菲尔德（Bloomfield）的语言学，对源语文本和译语文本的语言分析更有帮助（Newmark，1987：293）。翻译过程中，无论原文和译文，语言的分析和读解均至关重要。系统功能语言学正是提供了这样的一套科学、系统的语言学工具，全面、有效地捕捉原文和译文的意义。

霍姆斯（Holmes）在《翻译学的名与实》（1988）一文中，论述了翻译学的研究目标：一是客观地描写翻译现象；二是建立能够解释和预测这些现象的原则和参数体系。翻译涉及两种语言之间转换，语言学理论有益于更好地对这些转换进行描述、解释乃至预测，并提供科学、系统的方法加以实现。系统功能语言学有助于全面、有效地对原文和译文的语言加以描写和解释，有助实现翻译学的研究目标。

翻译教学应该如何教，教什么，一直是长期以来备受关注的问题。Baker（1992）是基于系统功能语言学而编写的一套翻译教材，在学界具有较大影响。Baker在前言中指出，理论只有牢牢扎根于实际经验，否则理论本身没有价值。理论需要在实践中加以检验，理论的发展和完善也需要在实践中完成。翻译可以看作应用和检验系统功能语言学的重要领域，翻译教学也是验证相关理论有效性的一大途径。

翻译理论和翻译教学的结合，一方面，应在译者翻译实践的基础上融入理论；另一方面，应从理论的高度对学生的翻译实践提供指导，让译者树立"翻译是意义选择""形式意义统一律""翻译是意义重构和语篇再生"的基本理念。系统功能语言学的级阶概念提供了多种翻译单位的可能。级阶从低到高依次包括语素、词语、词组/短语、小句、小句复合体，几乎所有的级阶均可以作为不同语境下的翻译单位供译者选择。概念、人际和语篇三元意义的思想，为译者更全面细致地解读原文并寻找译文中的功能对等项提供了科学有效的工具。

Althumali（2021）介绍了一项将系统功能语言学概念应用于翻译培训的实证研究，旨在验证系统功能语言学指导翻译实践有效性。研究发现，参加了系统功能语言学培训课程的实验组可以判断和识别更多的"无动因翻译转换"（unmotivated shifts）（同上：165），并表现出更佳的翻译表现，具体包括：更全面地理解英语原文的意义、更准确的元功能翻译、更强大的翻译评估能力。这项研究也有力地说明了基于系统功能语言学的翻译训练模型能有效提高译员的翻译水平，为本书的撰写提供了进一步的支撑。

2.5 系统功能翻译观下翻译理论与翻译实践的结合面

翻译家孙致礼（1999）认为，译者翻译水平的高低，不仅取决于其源语和目的语的语言素养和一般艺术素养，而且与他的翻译观有着很大的关系，可见翻译观对翻译实践的重要性。Toury（2012：4）将翻译研究分为理论、描写和应用三个分支，均与翻译实践具有千丝万缕的联系。翻译理论与翻译实践的确存在脱节现象，但关注"语言选择"和"意义构建"的系统翻译观对翻译实践具有现实意义。翻译理论和翻译实践的有机结合，关键在于找准理论与实践结合的切入点（刘季春，2001）。编写翻译教材时，可将具体语篇的翻译难点和重点作为切入点。具体语篇的选择和编排，要兼顾所涉及理论点之间的联系，尽力保证各章节在理论上的连贯性与系统性（杨雪燕，2003：61）。选择理论点时，应注重针对性和系统性，在具体讲解中把落脚点放在原文和译文的"语篇对应"上（同上：61）。本教材的编写，无论在章节安排、内容设置、知识点选取和练习设计上，均以系统功能翻译理论为指导，充分依托翻译理论和翻译实践的结合面，围绕相关知识点，进行循序渐进的分解式教学，练习设计紧扣知识点，开拓学生的翻译思维，体现翻译理论对整本教材的指导作用。

不可否认，翻译是一种语言现象，至少在某种程度上是语言现象（Taylor，1998：10）。那么，翻译一定受益于语言学的相关论述。语法，尤其是功能语法，应该纳入译者教育的一部分。因为功能语法关注文本中的语言，关注语法与词汇结合在实现特定功能和实现特定类型意义方面所起的作用。（Taylor，1996：88；转引自 Manfredi，2008：48-49）Manfredi（2008）系统描述了系统功能语言学视角在翻译理论和实践中的应用。该书基于以下基本理念：翻译理论和翻译实践之间存在重要互动;翻译研究是跨学科的研究,涉及诸多学科,而语言学科位于核心;系统功能语言学为翻译语言和文化提供了理论模式;系统功能翻译理论模式在各种文本类型中均有效。Manfredi 论证了系统功能语言学对翻译理论和实践具有显著价值。

系统功能语言学把文本看作语义单位,而非语法单位。然而,意义要通过措辞来体现,语法正是关于措辞的理论。没有语法,便无法将文本意义清晰地解读(Halliday,1994:xvii)。系统功能语言学的词汇语法系统提供了解读并识解意义的有效工具,对翻译过程中原文的理解和译文的产出均具有重要作用。本教材正是依托前文论述的系统功能语言学及系统功能翻译研究的基本理念和思想,尤其是三元意义的体现和语境理论,参考翻译实践中的常见的问题和重点难点,将翻译理论和翻译实践的结合面总结为以下表 1 中的内容:

表 1 系统功能翻译观下翻译理论与翻译实践的结合面

系统功能语言学理念			与翻译实践的结合
概念意义	经验意义	及物性理论	译文小句及物性过程的选择
		语态	主动被动的灵活转换
	逻辑意义	依存关系	并列和主从关系的调整
			树型语言和竹型语言的转换
			长难句的拆分与重组
		逻辑语义关系	逻辑语义关系的显化
			逻辑语义顺序的调整
人际意义		语气系统	语气的选择与重构
		情态系统	情态的选择与表达
		评价系统	评价意义的选择与重构
语篇意义		衔接理论	衔接手段的调整
			衔接手段与语义连贯
		主位理论	译文小句的主位选择 译文主位推进模式的重构

(续表)

系统功能语言学理念		与翻译实践的结合
语篇意义	主位理论	主谓句与话题句的转换
	信息结构	译文信息焦点的调整
		单一信息原则对译文的制约
语境理论	上下文语境 情景语境 文化语境	上下文语境对意义的制约 情景语境对意义的制约 文化语境对意义的制约

  本书主题章节的编写将围绕表1所列的翻译理论与翻译实践的结合面逐一展开，充分体现了翻译理论对翻译教学的指导，重视理论对教材编写的影子作用。优质的翻译教材，能够体现翻译领域的最新研究成果和实践技能方法，反映本领域的新理论、新方法和新思想。本教材的编写，突出研编结合，既体现了系统功能翻译研究的丰硕成果，又与翻译实践密切结合，解决翻译中的实际问题，也可深化翻译教材及教材编写的理念。

第 3 章　术语翻译

本章以术语翻译为例，介绍术语翻译的常用策略和方法，详细展现了词汇翻译中的词性转换、词语增减、直译、释译、借译和改译等相关具体译例。

术语（terminology）是在特定学科领域用来表示概念称谓的集合。科技术语是科学概念和科技内容的主要载体，也是科学论述的必要条件，直接影响科技交流协作是否顺畅。此外，术语标准化是国家语言规划工作的重要内容之一，统一的科技术语彰显了专业性与学术性。为促进术语标准化工作，中国科学技术名词审定委员会出版了 40 余部涉及各大科技领域的术语书籍，并于 2016 年建立权威术语库——"术语在线"（termonline）；国外网站"unterm"也免费提供术语检索、术语校对等线上服务。译者进行术语翻译时，不仅应掌握科学的翻译方法，还应强化译者的信息检索能力，充分查找相关权威资源，使用统一规范的科技术语。同时还应认识到，科学技术的发展催生了众多新科技术语，部分新术语的译名尚未统一，需要译者结合专业知识和信息资料综合做出判断。

Newmark（2001）指出：尽管术语只占全文的约 5%—10%，但是它们却构成科技英语翻译与其他文体翻译的根本区别。从系统功能语言学的角度来看，术语是体现经验意义的重要方面。科技术语的特点一般表现为：专业性、抽象性、客观性、严谨性、准确性、创新性、单一性等，名词化的表达居多，缩略语、合成词大量出现，数字和方程占据一定比例，且不少术语源自希腊语和拉丁语等。

下面结合不同领域的科技术语，基于英文科技术语的特点和构成，呈现并总结科技术语常用的翻译方法。

3.1 通信科技术语翻译

本节以通信科技术语为例，介绍其特点、构成和常用翻译方法。

3.1.1 通信科技术语的特点

通信科技术语的特点表现为：专业性、抽象性、客观性、严谨性、准确性和创新性。通信专业的专业性、抽象性和客观性体现在大量专业概念的使用，如：电流（current）、场（field）、电极（terminal）等。其创新性表现为大量新词的构成，如：copy + electron = copytron（电子复写技术）、communication + satellite = comsate（通信卫星）等。

3.1.2 通信科技术语的构成

（1）派生法

派生法是通过对词根加上各种前缀和后缀来构成新词的方法。通信术语中也有大量派生词，扩充了技术词汇。不少前缀和后缀都具有很强的构词能力和表达能力，如 thermo- 与"热"相关，electro- 与"电"相关，aero- 与"空气"相关，-craft 与"运载器"相关，等等。常见的派生词有 anti-interference（抗干扰）、autotransformer（自耦变压器）、demodulator（解调器）、microchip（微芯片）、superconductor（超导体）、resistor（电阻）、capacitance（电容）、pre-process（预处理）、crosspolarization（交叉极化）、electromagnetic（电磁的）、regenerator（再生器）、subnetwork（子网络）、hypertext（超文本）等。

（2）合成法

合成法即两个或两个以上的词语合成一个新词，如"名词 + 名词""形容词 + 名词""动词 + 副词""名词 + 动词"等。合成词的使用是现代英语简练的表现手段，其语序与汉语基本相同，如 Acoustic

Feedback（声反馈）、Alarm Seconds（警告秒）、Access Network（接入网）等。有些合成词术语的语序不可随意颠倒，否则意义会发生变化，如 data input（数据输入）和 input data（输入数据）。按照词性，通信术语可分为以下几种合成词。

① 名词性合成词。

例如，storage media（储存介质）、insertion loss（连接耗损）、displacement current（移动电流）、bandwidth（宽带）、benchmarking（基准检测）、payload（有效载荷）、serial-input-output（串行输入输出）、signal-to-noise（信噪比）等。

②"形容词+名词"合成词。

例如，adaptive filtering（自适应滤波）、digital mixing（数字混合的）、real-time（实时的）等。

③"名词+动词过去分词/现在分词"合成词。

例如，data-driven（数据驱动的）、rule-based（基于规则的）、object-oriented（面向对象的）、information-bearing（携带信息的）等。

④"副词+动词"合成词。

例如，offline（离线）、offset（抵消）等。

（3）缩略法

随着全球通信技术日益频繁的科研交流，大量通信技术英语缩略词应运而生。缩略词以其简洁明了的特点在跨语交流中提高了效率，逐渐成为通信技术英语交际中不可缺少的部分。通信技术英语缩略词构词丰富，形态多样，掌握好缩略词的特征，能够帮助译者更好地完成翻译任务。

通信技术英语的缩略词最常见的为首字母缩略词，如 CBR（Constant Bit Rate，恒定比特率），NCP（Network Control Processing，网络控制处理器），PCM（Pulse Code Modulation，脉冲编码调制），SCCP（Signaling Connection Control Part，信令连接控制部分）。需要特别注意的是，有些首字母缩略语的字母顺序与原词组单词首字母顺序并非完全一致，如 LABC（Local-Bus Asynchronous Controller，本地总线异步控制器）。

通信技术英语缩略词中也有一些是由首字母与音节混合构成，其中以各词的首音节或字母构成词，如 EVDO（Evolution Data Only，CDMA 高速数据业务）取 evolution 前面的"ev"音节，再分别取 data 和 only 的首字母。其他类似还有 CODEC（Coder Decoder，编解码器）、DOMSAT（Domestic Communication Satellite，国内通信卫星）、FOCC（Forward Control Channel，向前控制信道）、PiCH（Pilot Channel，导频信道）等。

还有通过截短而成的缩略词，将一个词或词组中的部分字母截去而成，通常是截去单词尾部的几个字母。如 Amp.（amplifier，放大器）截取了主要词根"amp"并加圆点符号缩写成"Amp."，类似的还有 freq.（frequency，频率）、dyn.（dynamometer，功率计）等。

"字母 + 数字 / 符号"缩略通常将字母、数字和符号配合起来使用，其中数字多表示具有相同首字母的单词的数量，以表示特定的缩写意义。为了简明表达的需要，通信领域常会出现字母与数字的搭配形式，如 H24（24 hours a day for watching，无线电值守是全天候的）、W5（whoever, whenever, wherever, whomever, whatever，任何人与在任何时候任何地方的任何人进行任何形式的通信）、5G（5th generation mobile networks，5G 网络）等。将冗长的词组缩略为一个字母与数字的字符形式，是通信技术英语术语的特殊用法。

通信科技术语中有时还采用二次缩略法，即再次缩略法，如 VOR 是 VHF Omnidirectional Range（甚高频全向信标）的缩略，其中"V"是缩略语 VHF（Very High Frequency，甚高频）的二次缩略，翻译时应尤为注意。

3.1.3 通信科技术语的翻译

随着通信技术的飞速发展，不少新术语伴随着最新技术而生，对于这一类新词汇，翻译方法上还要特别注意。在术语翻译的初期阶段，为了提高术语的接受程度，在翻译策略上通常采用"归化"手段，以解释性翻译处理术语，译文通常较为冗长。经过一段时间的传播和使用后，源语概念被译语群体广为接受，此时术语翻译转而更多地要求简洁性，在不影响理解的前提下保留术语的异化形式，可重新选择音译。

通信技术英语术语的翻译应力求做到简洁性、易记性和统一性。下面对通信派生词、合成词和缩略词的翻译方法分别加以讨论。

3.1.3.1 通信术语派生词的翻译

通信技术术语中有大量派生词汇，根据派生词语的构词特点，分析前缀和后缀的含义，对其进行翻译。

（1）表示否定意义的前缀有 a(an)-、anti-、de-、dis-、in(il, im, ir)、mis-、non-、un- 等。添加否定前缀的术语，可译为与其相反的表达，如"非""无"等。如 aperiodic（非周期的）、asynchronous（异步的）、anti-aliasing（抗混叠的）、decharge（放电）、malfunction（失效）、non-conductor（非导体）等。

（2）表示大小、程度的前缀有 extra-、hyper-、macro-、micro-、mini-、out-、super- 等，如 extra-heavy（超载）、hypersonic（超音速）、subnormal（低于正常的）、ultra-short wave（超短波）、subdivide（细分）等。

（3）表示位置顺序的前缀有 endo-、ex(exo)-、hypo-、inter-、intra-、post-、pre-、pro-、proto- 等，分别表示"内""外""下""中""后""前""初""原始"等，如 preheat（预热）、preamplifier（前置放大器）、intraframe（帧内压缩）等。

（4）表示数量的前缀有 semi-、hemi-（半），如 halftoning（半色处理）；uni-、mono-（单，一），如 uniaxial（单轴的）；bi-、bin-、di-（二，双），如 biaxial（二轴的）；tri-（三个），如 triode（三极管）；等等。

在通信技术英语术语中还有名词性后缀、形容词性后缀、副词性后缀和动词性后缀几种形态的构词。例如，名词性后缀 -cy、-icy、-th 表示性质，在翻译时通过识别后缀含义就能准确把握术语词义，如 accuracy（精确性）、wavelength（波长）。在通信技术英语术语中经常出现后缀 -ness 表示"度"的含义，在翻译时只需要将其含义向后缀的含义靠近即可，如 sharpness（锐度）、hardness（硬度）。同样的翻译方法也适

用于诸如 -al、-ic、-ous、-y 的形容词性后缀，如 aperiodic（非周期的）、isolatable（可绝缘的）等。此外，在科技文体中，为了以简单方式描述复杂问题，通常会出现很多诸如 -ize、-ify、-en 的后缀在少数名词或形容词后，使之成为动词，可以统一将其翻译为"……化"，如 magnetize（磁化）、carbonize（碳化），或者直接翻译为相对应的动词，如 amplify（放大）、shorten（缩短）。

3.1.3.2 通信术语合成词的翻译

通信术语的合成词有以下五种翻译方法：

（1）正序法

通信技术合成词的语序通常与汉语一致，译者可对应词序依次翻译。例如 current steering 可译为"电流导引"，current steering transfer 可译为"电流导引传输"。译者还须特别注意，英语中有大量词语为一词多义，如果不慎选错词义，会造成翻译失误。例如，channel 常表示"渠道"或者"海峡"，如果译者忽略了其表示"波道"的意义，就会对 noise free channel 造成误译。此外，同一词语在相同构词形式中也会有不同的含义表达，例如 human-computer interface 常见的译文是"人机交互"，而 brain-computer interface 则常译为"脑机接口"。

（2）变序法

通信术语中有些翻译要变换词序。例如，resistance、up、free、reduction 等在合成术语中对术语的性质进行修饰，对应的译文要符合中文动宾搭配习惯，适当变换词序：smudge resistance 译为"抗污性"，link up 译为"上行链路"，noise reduction 译为"去噪"，等等。越来越多的合成词还掺杂少量的介词和副词，给译者带来挑战，变序策略可以使得译文更加符合目的语的表述习惯。如 IP Over ATM 可译为"ATM 上的 IP 传输"，Mean Time Between Failure 可译为"平均故障间隔时间"。

（3）音译法

在通信术语中有很多国际统一用字，在国内交流中已经默契形成了唯一的术语表达，为了提高术语的识别度和使用的便捷，译者需要尽可能地接近国际通用的读音特征或者拼写方式。音译翻译的术语既能满足术语含义的单一性，又能减少翻译带来的概念模糊或者误译情况，降低了翻译风险，在现代科技术语翻译方法中，音译法逐渐占据了主流趋势。

（4）零译法

有些术语由于长期用于科技研究交流中，该行业的专业人员已经对此概念比较熟悉，翻译时一般保留原文，如果生硬将其全译出来，反而会影响理解。如 Hyper Text Transfer Protocol（HTTP）为"超文本传输协议"，但在实际使用中，常保留了这个协议的缩写形式，翻译为"HTTP 协议"。

（5）意译法

意译法指在术语翻译时摆脱形式的束缚，以忠实传递信息为中心，跳出语言枷锁，将术语中实际的含义译为相应的汉语术语。例如，随着通信设备发展而产生的 cellular networks 是一种移动通信硬件架构，其正六边形的原理结构形似蜂窝，因此常将 cellular networks 译为"蜂窝网络"或"蜂窝移动网络"。

3.1.3.3 通信术语缩略词的翻译

缩略词术语的翻译通常可以借助通信类的词典工具书进行查阅，译者需要充分认识不同的缩略手法，根据其缩略特点进行翻译。如 Public Switched Telephone Network（公共电话交换网络 PSTN）、Internet Protocol（IP）。对于二次缩略语，应了解该词的构成，如 IPNS 指 ISDN PBX Network Specification，I 是 ISDN（Integrated Service Digital Network）（综合业务数字交换网络）的二次缩略，P 是 PBX（Private Branch Exchange）（专用小交换机）的二次缩略，IPNS 应译为"综合业务数字交换网络专用小交换机规范"。

缩略词也常使用零译法，即保留缩略语的形式在译文继续使用。GSM（Global System for Mobile Communication，全球移动通信系统）、URL（Uniform Resource Locator，网页地址）等。零译法也符合专业术语简明化的需求。

缩略词的混合译法指综合上述翻译手段对缩略语术语加以翻译，如 Universal Mobile Telecommunication System Terrestrial Radio Access

Network 通常译为"UMTS 地面无线接入网",其中 Universal Mobile Telecommunication System 即"通用移动通信系统",该部分采用零译法,而 Terrestrial Radio Access Network 采用意译法,既方便理解和识别,也能促进行业人士的交流便利。

3.2 计算机科技术语翻译

本节以计算机科技术语为例,介绍其特点、构成和常用翻译方法。

3.2.1 计算机科技术语的特点

计算机术语的特点体现为客观性、严谨性、准确性和缩略语经常出现,大量新词、加前/后缀的派生词、合成词的使用频率很高。计算机术语既包括专业词汇,也包括大量半专业词汇。半专业词汇是日常生活中较为常见,但在计算机领域有其特定含义的词汇,例如:

表 2 计算机术语汉译示例

计算机英语术语	普通含义	汉译计算机术语
mouse	老鼠	鼠标
bus	公共汽车	总线
enter	进入	确定、输入
memory	记忆	内存
client	客户	客户端
instruction	指示	指令

可以看出,尽管普通词汇被赋予新义,但仍与基本词义之间有紧密联系,两者往往呈现隐喻的关系。一词多义是语言词汇中极其普遍的现象,是语言发展的必然结果,凸显出人类语言的经济性原则,通过赋予同一词形以更多的词义来减少词的数量(杨忠,2005)。

3.2.2 计算机科技术语的构成

（1）派生法

派生法是计算机术语的主要构成方法，即在原有单词或词干前后通过添加词缀的方法来构成新词。前缀可以改变词语的意义，后缀常常可以判断出词语的词性。如：

表3　添加词缀的计算机派生术语

词缀	计算机派生术语
multi-	multitasking（多重任务处理） multiprocessing（多重处理）
super-	superuser（超级处理器）
-ware	software（软件） hardware（硬件）
-less	wireless（无线的）

（2）合成法

计算机术语的合成词，有的为带连字符合成词，有的为无连字符无间隔合成词。如：

表4　计算机合成词及其翻译

计算机合成词	译文
keyboard	键盘
database	数据库
shortcut	快捷键
computer firewall	计算机防火墙
two-dimensional projection	二维投影仪

（3）缩略法

缩略法也是计算机术语中重要的构词方法，具有造词简练、使用简便的特点。计算机领域中有大量的首字母缩略词。"首字母缩略词"指取词组中每个单词的首字母构成的词语。计算机领域中的首字母缩略词如：CPU（Central Processing Unit，中央处理器），ISP（Internet Service Provider，因特网服务提供商），PCI（Peripheral Control Interface，外围设备控制接口），FTP（File Transfer Protocol，文本传输协议）。

3.2.3 计算机科技术语的翻译

鉴于计算机英语术语的上述特点和构成，可采用适当的方法进行术语翻译。

（1）直译法

表5 计算机术语的直译

计算机术语	直译
wave-length	波长
high level language	高级语言
mainboard	主板
desk top operating system	桌面操作系统

直译法便于对计算机术语的理解，该方法在计算机术语翻译中应用比较广泛，主要用于派生词、合成词等的翻译。直译计算机派生词术语时，应分析词根词缀的具体含义，给出相应的译文。

（2）意译法

当英语词汇没有完全对应的汉语词汇，或者按照英文字面直译会给读者造成困扰时，应采用意译法。意译法要求译者有一定的背景知识，能够将原文出现的词语内涵与其所指对象综合起来考虑。例如，bug 原指"虫子"，但在计算机领域中应译为"程序错误"或者"漏洞"。laptop 原指"膝/大腿上"，计算机领域中指能够放于大腿上的轻便型电脑，即"笔记本电脑"；run 原为"跑"，但在计算机领域中，指机器、程序或系统开始运转工作，因此可意译为"运行"。再如，Internet worm，若直译成为"网虫"，会给读者带来误解，因为"网虫"多指代长时间迷恋上网的人，其英语多为 cyber worm 或者 mouse potato。事实上，Internet worm 是一种在网络传播的病毒，现通常翻译为"网络蠕虫病毒"或"网络蠕虫程序"。

（3）音译法

表6　计算机术语的音译法

计算机术语	音译法
bit	比特
blog	博客
Intel	因特尔
Google	谷歌
Twitter	推特

（4）音意结合法

音意结合法指在汉语中既保留原词部分发音又体现出原词部分意义的翻译方法。

表7　计算机术语的音意结合法

计算机术语	音意结合法
Internet	因特网
cyberspace	赛博空间
MicroBlog	微博

3.3　冶金科技术语翻译

本节以冶金科技术语为例，介绍其特点、构成和常用翻译方法。

3.3.1　冶金科技术语的特点

冶金术语可分为专业冶金术语和半专业冶金术语。冶金专业术语包含了焦化、烧结、炼铁、炼钢、轧钢等多个领域的词汇，还有大量的合金产品术语，如铁铬合金（ferrochromium）、镍铁（ferronickel）和硅铁

（ferrosilicon）等。冶金专业术语的翻译要符合行业规范，采用通行的行业话语。

冶金领域中，cast iron 指"铸铁"，pig iron 指"生铁"，wrought iron 则为"熟铁"。半专业术语为普通词汇在冶金专业领域的特殊用法，更应特别注意，切忌盲目武断、望文生义。如：

表8 冶金术语汉译示例

冶金英语术语	普通含义	汉译冶金术语
burden	负担	炉料
reduce	减少	还原
plate	盘子	电镀
breakout	打破	漏钢
cap	帽子	轴承盖，罩壳
coat	外衣	镀层
nose	鼻子	喷嘴
tooth	牙齿	轮齿，粗糙面
mushroom	蘑菇	轧扁成蘑菇状

3.3.2 冶金科技术语的构成

（1）派生法

派生词由词缀和词干组成，而词缀的基本含义和作用也是相对稳定的，所以派生词的翻译可以在词干的含义上加入词缀赋予的含义或性质。以冶金专业中的派生词为例，前缀主要用于丰富词义，例如：

pre-（先于，在……之前）：prereduction 预还原

oxy-（氧化物）：oxychloride 氯氧化物

后缀主要用于彰显词语的性质和作用属性等，例如：

-er（容器，工具）：converter 转炉

-ment（名词形式）：refinement 精炼

（2）合成法

表9　合成冶金术语示例

词缀／中心词	英文	冶金术语
coke（焦炭）	coke base	焦炭批重
	coke slits	焦窗
	coke blank	净焦
	coke rate	焦比
	coking coal	焦煤
inter-（在……间／相互）	interface	界面／接口
-meter（计量仪器）	barometer	气压表
	pyrometer	高温计
	viscosimeter	粘度计

（3）缩略语

冶金英语有大量的缩略语，如 BF（Blast Furnace）、Hi-QIP（High quality iron pebble）、CRI（Coke reaction index）、PCI（Pulverized coal injection）等，翻译时应查阅相关工具，特别注意规范翻译。

3.3.3　冶金科技术语的翻译

冶金科技术语的翻译同样可参照 3.1.3 所列的各类派生词、合成词和缩略语的翻译方法。值得注意的是，冶金专业中有大量的专业术语，应查阅工具资料，确定专业的术语译文，如：

表10　冶金术语翻译示例

冶金专业术语	冶金专业术语翻译
cast iron	铸铁
pig iron	生铁
wrought iron	熟铁
cupola	化铁炉

(续表)

冶金专业术语	冶金专业术语翻译
pyrometer	高温计
tuyere	风口
bleeder	放散管
cyanides	氰化物
dolomite	白云石
boron	硼
luppen	粒铁
pelletizing	造球

例 [1]

原文：Once the plate is burned, the surface will be deformed and cracked. Gas and flame will be ejected if it occurs in the **furnace body**; if it is in the **belly** of the **furnace**, **coke** and **slag** will be ejected.

译文：一旦水箱烧毁，炉皮会变形、开裂。如果发生在**炉身**，则喷出煤气和火焰；如在**炉腹**，则喷出**焦炭**和**炉渣**。

资料来源：《高炉炼铁》2016：226。

此例为冶金翻译实例，包含多个专业术语。furnace body、belly、coke 和 slag 在冶金专业中均有特定含义，翻译时译者应选用规范术语加以对应。

冶金合成术语的翻译，同样根据合成词的特点，采用正序法、变序法、意译法等给出相应译文。

表 11　冶金合成术语翻译示例

冶金合成术语	冶金合成术语翻译
fuel material	燃料
sintering plant	烧结车间
coke oven	焦炉

(续表)

冶金合成术语	冶金合成术语翻译
combustion chamber	燃烧室
iron-making	炼铁

冶金缩略语的翻译，同样需要确定缩略语的全称，在查阅专业文献资料的基础上给出相应译文。

表 12　冶金缩略语术语示例

英文缩略语	缩略语全称	冶金缩略语术语
BF	blast furnace	高炉
Hi-QIP	high quality iron pebble	高质量铁块
CFB	circulating fluidized bed	环形流动床
CRI	coke reaction index	焦炭反应性
PCI	pulverized coal injection	喷煤比
DRI	direct reduction iron	海绵铁，直接还原铁
CSR	coke strength after reduction	还原后焦碳强度

3.4　材料科技术语翻译

本节以材料科技术语为例，介绍其特点、构成和常用翻译方法。

3.4.1　材料科技术语的特点

几十年来，随着金属材料、热加工技术、冷加工技术及冶金成套设备制造行业的不断发展，各种新术语层出不穷。据不完全统计，全世界每天出现的新术语有上千个之多，新科技术语常常是在现有专业词汇和半专业词汇基础上发展而来，具有显著的创新性。

科技术语一般包括专业术语和半专业术语。半专业术语指普通词汇在专业科技领域中,被赋予新义,即普通词汇专业化。材料专业术语是指仅仅在材料学科内使用的术语,专业性强,词形固定,词义单一,不易混淆,在材料领域内具有通用性。例如:

表 13 材料术语翻译示例

材料术语	材料术语翻译
graphitization	石墨化
synthetic fiber	合成纤维
natural rubber	天然橡胶
desulphurization	脱硫
galvanoplastics	电铸术
disthermometer	热阻测定仪

资料来源:《材料专业译写教程》,2001 年版,14 页。

半专业术语指在专业英语中普遍使用、在不同的专业中具有特定含义的词汇。翻译时应查阅相关术语词典或结合上下文进行分析,进而确定词义。例如:

表 14 部分材料术语的专业含义

词汇	普通含义	材料英语含义
flux	流动	稀释剂、溶剂、造渣、磁力线
slip	滑动、滑倒、下跌等	"滑移",指位错移动导致的塑性变形或两个相邻原子面的剪切移位
creep	爬行、蔓延	"蠕变",指材料承受应力时依赖于时间发生的永久性变形
recovery	痊愈、康复	"回复",即冷塑性变形金属释放其部分应变能力的过程
chill	寒冷	激冷、冷铁、金属型等

可见,被赋予专业含义的普通词汇容易对译者的准确理解造成障碍,也是术语翻译中的难点。然而,其专业性意义往往与原义相关,多由原词义延伸而来,并不脱离其基本含义。有研究者也将其看作词汇的隐喻

43

用法。处理此类术语时，译者应结合词汇的普通含义加以分析，依托上下文，查阅相关文献资料，确定最终术语译文。

3.4.2 材料科技术语的构成

基于构词法的角度，材料科技术语主要有以下几种构成方法：派生法、合成法和转化法。

（1）派生法

派生词是材料英语中出现频率最高的词类之一，其前后缀大多来源于拉丁语、希腊语和法语，词义指向明确，语义范围狭窄，意义明确固定。表示"硫化"的名词 vulcanization 含有两个后缀，分别是动词后缀 -ize 与表过程/动作的名词词缀 -ion，词根为 vulcan，与 volcano 同源，在此指代在生橡胶中加硫磺、炭黑等，经高压加热，使其变成硫化橡胶的过程。

以下列出了一些常用前缀和后缀，以及由它们派生出来的材料专业词汇。

表15 派生类材料专业术语

词缀	含义	例词
di-	two	diphase（双相）
re-	again	recrystallization（再结晶）
pre-	before	preheat（预热）
thermo-	heat	thermocouple（热电偶）
ultra-	beyond	ultrasonic（超声波的）
-proof	resistant	acid-proof（耐酸的）
-fy	make	purify（提纯）

资料来源：《材料专业译写教程》，2001年版，17页。

（2）合成法

合成词或词组在形式上是由两个或两个以上的单词组合而成的，其含义通常也是这几个单词的组合。翻译合成词/词组时，译者将组成该词/词组的几个单词的译义组合即可。材料术语的合成词如：

表16 材料术语合成词示例

材料术语合成词	材料术语合成词翻译
foundryman	铸造师
workshop	车间
blow-out	停炉
die casting	压铸
absorption tower	吸收塔
magnetically separated	磁性分离

（3）转化法

转化法即词类转化，例如：

表17 材料术语的词类转化示例

名词	动词
melt（溶液）	to melt（熔化）
wear（磨耗）	to wear（磨损）
mould（铸型）	to mould（造型）

资料来源：《材料专业译写教程》，2001年版，16页。

3.4.3 材料科技术语的翻译

科技术语的固定搭配，通常会有常规译法。以材料术语的翻译为例，其翻译方法主要分为四种：意译法、音译法、形译法和音译意译结合法。本小节结合《英汉复合材料工程词典》中的材料专业词汇，对各类翻译方法进行举例说明。

（1）意译法

意译法也是翻译科技术语最常用的方法之一（Dunne, K. J. & Dunne, E.

S., 2001）。意译法要求译者根据英语科技术语的含义，运用汉语的构词要素和构词法则译出相应的汉语术语。某些科技术语很难找到相对应的汉语词汇来表达，或者字面直译不足以表达专业含义时，可以采用意译法。

例如，复合词 pull strength，若按照字面可译为"拉拽力/强度"，但经查阅得知其专业释义为"a reliable method of measuring the maximum strength, or holding power, that a magnetic assembly has before it is separated from a steel plate"，即将磁性组件从钢板上分离时所测得的最大强度，因此字面直译不足以表达其专业含义，此时应结合专业释义和材料专业的语言习惯，使用意译的方式将其译为"拉拔强度"或"扯离强度"。

（2）音译法

音译法是翻译材料术语的常用方法。音译时须考虑译名的规范化、大众化和通用性，音译词发音须接近英语词，以便最大程度地利于国际交流。

音译法主要针对两类词语，一类是计量单位，例如 calorie（卡路里，热量单位）、carat（克拉，宝石质量单位）、pint（品脱，容积单位）、mole（摩尔，物质的量的单位）等；另一类音译词汇由于历史因素，其被引入时使用音译，并一直沿用至今，已经形成约定俗成的译法，如 Vaseline（凡士林）、freon（氟利昂）等。

（3）形译法

对于使用字母表示形状的复合词术语，常采用保留原文字母或将字母改译为字形或概念内涵相近的汉字，使译文更加形象化。形译法分为两种：一种是用能表达原字母形象的汉语词翻译，如 T-square，因字母 T 酷似中文里的"丁"字，因此将其译为"丁字尺"；另一种是保留原字母，并在字母后加"形"或"型"字，如 T-type joint，翻译时保留字母 T，其后的单词采用意译，译为"T 型胶接接头"。

（4）音译意译结合法

音译意译结合法将原单词的一部分音译、一部分意译，既能取原名之音，又能表明该术语的类别、属性等。以科学家人名命名的材料术语常常采用音译意译结合法，例如 Rayleigh wave，指物体表面上传播的一种特殊类型的表面波，因最早由英国物理学家 R. J. Strutt（其祖父获封世袭的瑞利男爵，又称 Lord Rayleigh）发现，所以被译为"瑞利波"。

3.5 机械科技术语翻译

本节以机械科技术语为例，介绍其特点、构成和常用翻译方法。

3.5.1 机械科技术语的特点

机械工程英语不注重华丽的语言表达，注重叙述事实，具有科学性、客观性、逻辑性、严谨性的特点，内容上注重准确、严谨，要求译者具备充足的背景知识，而且机械工程英译含有较多的复合词、缩略词，广泛使用动名词、被动语句，以及较长的复杂句等。

机械科技术语同样具有突出的专业性，主要体现在普通名词的专业释义和缩略语的专业表达两方面。

名词专业释义的第一种表现是高频普通单词在机械工程领域有特定的含义，例如：

表 18 机械术语专业含义示例

机械术语	普通词义	专业词义
key	钥匙	内扳手
die	死亡	模具
cage	笼子	保持架
coordinate	协调	坐标系
turning	旋转	车削

可见，上述在通用领域使用的词语，在机械工程领域具有完全不同的专业含义。

第二种表现是形态构成复杂、技术专业性强的词语，例如，semikilled（半镇静钢）、stereolithography（光固化立体成型）、piezoelectric（压电）、resultant vector of inertia（惯性主矢）等，这些科技英语词汇表达在机械工程类文本中具有极强的专业性。为了使专业词汇的书面表达更加规范简洁，便于在工程实践中使用，在机械工程类文本中同样存在大量的缩略词，这些缩略词的现实使用频率往往会更高，因此准确翻译显得尤为重要。

3.5.2 机械科技术语的构成

（1）派生法
机械派生术语，如：
microchip = micro + chip 微芯片
autopilot = auto + pilot 自动驾驶仪
monoamplifier = mono + amplifier 单端放大器
（2）合成法
机械英语中也有大量的复杂合成术语，如：
ball wearing 滚珠轴承
clap box 刨刀架
overdrive 加速传动装置
insulating material 保温材料，隔热材料
hydraulic coupling 液力偶合器
dismountable scraper chain 可拆式刮板链条
pneumatic discharge gate valve 气动卸料闸门
reciperocating follower 移动从动件
screw tensioning device with multi-spring buffer 多弹簧缓冲的螺旋张紧装置
（3）缩略法
首字母缩略词，如：
NC: Numerical Control 数控
MOP: Manned Orbital Platform 载人轨道平台
AF: Automatic Focusing 自动调焦

截短缩略词，如：
Mach: Machinery 机械，机构
Lab: Laboratory 实验室

3.5.3 机械科技术语的翻译

（1）直译法

机械类文本中多为技术性词汇，专业性表达，忠实于原文，中文译文多采取对照直译。gear and bearing design life evaluation 译为"齿轮和轴承设计寿命评估"；fuel consumption analysis optimization 译为"燃油消耗分析优化"；transmission speed ratio range 译为"变速器速比范围"；target operation mode 译为"目标运行模式"；transmission cycle oil control system 译为"变速器的循环油控制系统"。

（2）意译法

例［1］

原文：When the **ball** or roller of rolling-contact **bearing** rolls, contact stresses occur on the inner ring, the rolling element, and on the outer ring.

译文：当滚动轴承的滚珠或滚子滚动时，内圈、滚动体和外圈上会产生接触应力。

首先，根据语境明确词义。ball 在日常生活通常指"球或球状物体"，而在机械语境中 ball 表示"滚珠"；bearing 在机械语境中指"轴承"。

例［2］

原文：A shaper usually uses **the single-point tool** in a tool seat which is installed on the end of the ram.

译文：成型机通常使用安装在闸板末端的工具座上的单刃刀具。

如果按照常规词义来理解 single-point tool，容易误译为"单点工具"。机械语境中，single-point tool 对应 double-point tool（双刃刀具），因此 single-point tool 译为"单刃刀具"。因此，要对专业词义及词性进行准确判断，并找出译语中或者行业英语中最为贴切的表达。

（3）零译法

目前，很多国外科技产品和各种计算机出版物在进入中国市场以后，其英文原名都得以保留，如 iPhone、iPad、ios 等。包括计算机软件的汉化也一般不会轻易将软件原名改成中文名，如办公软件 Word、Excel，阅读工具 Adobe Reader、CAJ Viewer，解压缩软件 WinRAR、WinZip，虚拟光驱 DAEMON Tools，等等，这些软件操作内容虽然已汉化，但名称依然是英文的。这种对英文名的保留，可称为"零翻译"。这一概念是邱懋如（2001）教授针对常规翻译概念中不可译的问题引进提出的。"零翻译"策略的选择，主要是产品供应商的利益需求和产品译介者基于对现实清楚认识的结果，是当代社会信息大量、快速传播的需要（张志慧、刘常民，2011）。

3.6 环境工程术语翻译

本节以环境工程科技术语为例，介绍其特点、构成和常用翻译方法。

3.6.1 环境工程术语的特点

环境工程英语的词汇特点主要表现为专业术语多、加缀词语和缩略语数量庞大。专业术语的基本概念，均有专门术语来表达，译员须查阅专业书籍和词典，确保准确规范。普通词汇在环境专业背景下的具有专业含义，如 base，通常表示"底部、基础、基地"等，而在环境专业英语中还可表示"碱"；又如，treatment 和 disposal 在普通英语中为近义表达，均指"处理、处置"，但在环境科学语境的废物治理方面却有严格的区分，treatment 表示强调过程的"处理"，disposal 表示强调最终归宿的"处置";再如 primary pollutants 特指"一次污染物或原生污染物",以区别于 secondary pollutants(二次污染物或次生污染物),而不能译为"主要污染物"。

环境工程英语术语通常可分两类:专业术语和半专业术语。专业术语具有学术性强、专词专用等特点,如 petrifaction(石化作用)、taphrogenesis(地裂运动)等。半专业术语是高频出现的词语,与不同的词语搭配或在特定语境中具有不同的含义。如 deposit 可译为"沉积物""矿床"。当 deposit 与各种矿产名词、地理专有名词等连用时,通常可译为"矿床",如 leadline deposit(铅锌矿床)、pegmont deposit(佩格蒙特矿床);若与表示各种沉积类型的术语连用,则可译为"沉积物",如 glacial deposit(冰川沉积物)、terrigenous deposit(陆源沉积物)。

3.6.2 环境工程术语的构成

(1)派生法

科技英语词汇大多是由源于拉丁语或希腊语的词根、前缀和后缀构成的,这是科技词汇在词源方面的一大特点。环境科学与工程文本属于科技文本,同样拥有这一特点。常用的前缀和后缀有 100 多个,并且有其独特意义。环境工程英语中的加缀术语主要有两类:加前缀和加后缀。前缀词根如 micro(微量),super(超、过),trans(横跨、贯通)等,后缀词根如 scope(范围),meter(计、器)等等,翻译时应合理利用词根理解词义并加以翻译。

(2)合成法

环境工程术语中同样有大量的合成词,如由 air 合成的术语就包括:air filter(空气过滤器),air monitoring(大气监测),air sampling(空气取样),air parameter(空气参数),air contaminant(空气污染),air pollutant(空气污染物),air quality(大气质量),air compressor(空气压缩机),air contamination(空气污染物),air pollution control(空气污染防治),等等。

(3) 缩略法

首字母缩略术语示例：

表 19 环境工程类首字母缩略术语示例

AAE	American Academy of Environment	美国环境学会
COD	Chemical Oxygen Demand	化学需氧量
CMF	Continuous Membrane Filtration	连续膜过滤
EIA	Environment Impact Assessment	环境影响评价
TSP	total suspended particular	总悬浮颗粒物
TOC	total organic carbon	总有机碳

裁截缩略术语示例：

表 20 环境工程类裁截缩略术语示例

POLAT	Polar Atlantic	大西洋极地
chemo	chemotherapy	化疗
Ac Co A	Acetyl Coenzyme A	乙酰辅酶 A

环境工程英语缩略语主要有两种类型：首字母缩略语和裁截缩略语。首字母缩略术语如化学需氧量 COD（Chemical Oxygen Demand）、连续膜过滤 CMF（Continuous Membrane Filtration）等等；相比首字母缩略语，裁截缩略术语在缩略术语中所占的比例不大，常见于化学元素名称等的缩略，如 POLAT（Polar Atlantic）大西洋极地、PCBs（polychlorinated biphenyls）多氯联苯。而近年最受人关注的 COVID-19（Coronal Virus Disease-2019）也是典型的裁截缩略语。

3.6.3 环境工程术语的翻译

(1) 派生词的翻译

派生词一般采用拆分翻译法。加缀术语的翻译关键在于分析术语结构，找到术语词根，确定词根和前后缀的意义，进而加以翻译。如术语 isothermal absorption 中，isothermal 由词根 thermal（温热的）和前缀 iso-（相等）构成，可判断该词表示"等温的"，absorption 表示"吸收"，因此 isothermal absorption 表示"等温吸收"。再如 ecoclimatology 一词，分析术语结构，该词可拆分为 eco（生态的）+ 词根 climate（气候）+ 后缀 logy（学科），由此可知 ecoclimatology 表示"生态气候学"。环境工程英语中还有大量由词根、前缀、后缀组成的词语，如：deforestation（森林砍伐）是由前缀 de-（剥夺、分离）与 forestation 组成；biochemical（生化）由前缀 bio（生物的）与 chemical（化学）组成。熟悉环境工程英语术语中的常见词根以及前后缀，有助于准确翻译加缀术语。

（2）合成词的翻译

现存术语组合而成的术语，在专业术语中占比最大。一般采用顺序译法，例如 noise environment 译为"噪声环境"，temperature pressure curve 译为"温度压力曲线"，destructive distillation 译为"分析蒸馏"，simple spray tower 译为"简单喷雾塔"。

有些环境术语会采用"变序法"，如"名词+目的或功能"合成词，如 water-delivery 译为"配水"，waste discharge 译为"排废"，等等。有些术语须采取增译法使其意义完整，如 gravity thickener 译为"重力沉降澄清器"，secondary particle 译为"二次污染颗粒"，等等。但也有些表功能的词应用频繁，意义已经约定俗成，可略去不译，如 continuous emission monitor 译为"连续监测器"，其中的 emission（排放）未译出。

（3）缩略语的翻译

缩略语翻译一般采用还原翻译法或零翻译法。还原翻译法指先将缩略语还原，然后对照全称翻译。例如，EPA 的全称为 Environment Protection Agency，译为"美国环保局"；CMF 的全称为 Continuous Membrane Filtration，译为"连续膜过滤"；NES 的全称为 natural environmental stress，译为"自然环境压力"；NR 的全称为 natural reservoir，译为"天然储库"。值得注意的是，有时存在同一缩略语在不同领域对应不同全称的情况，翻译时应尤为小心，注意区别对待。

对于已经被读者广为接受的国际通行缩略语，一般采用零翻译法，即把原缩略语直接照搬到译文中。如 PM2.5、CO2、VOCs、UNEP 等缩略术语都可以采取零译法进行翻译，不仅不会影响读者理解，而且还利于国际交流。

3.7　翻译练习

请将下列英语译成汉语。

（1）boiling point

（2）photosynthesis

（3）inertial force

（4）electric circuits

（5）nanocrystal

请将下列汉语译成英语。

（1）向心力

（2）离心力

（3）交流电

（4）能量守恒

（5）电磁辐射

第4章 经验意义翻译：翻译中及物性过程的选择

4.1 及物性过程与经验意义的识解

及物性是系统功能语言学的基本概念，用来体现概念意义中的经验意义。Halliday（1994：106）认为及物性系统把经验世界识解为一组可以操作的过程类型（process types），是建构人类经验的语法系统，用来反映经验世界的各种"事件"（goings-on）——"发生"（happening）、"做"（doing）、"感知"（sensing）、"意指"（meaning），以及"是"（being）和"变成"（becoming）。及物性过程一般由参与者（participant）、过程（process）和环境成分（circumstance）三种功能成分构成。其中，"过程"在及物性关系中处于核心地位，词汇语法上常表现为动词词组。"参与者"是与"过程"直接相关的功能成分，词汇语法上常表现为名词词组。"环境成分"通过某种逻辑语义关系加强"过程+参与者"功能配置，为其提供相关事件的时间、地点、条件、因果、方式、伴随、角色等语义信息，词汇语法上常表现为副词词组或介词短语。

Halliday（1994）、Halliday & Matthiessen（2004，2014）将英语的及物性过程分为六类：物质过程（material process）、心理过程（mental process）、关系过程（relational process）、言语过程（verbal process）、行为过程（behavioral process）和存在过程（existential process）。其中，前三种为主要过程类型，后三种为次要过程类型。主要过程类型还有相应的次类型。物质过程可进一步分为动作过程和事件过程，关系过程可进一步分为包孕类、环境类和属有类过程，心理过程可进一步分为觉察类、情感类和认知类过程。六种及物性过程的功能配置通常表现为：

物质过程：动作者＋过程＋目标

关系过程：载体＋过程＋属性

　　　　　被识别者＋过程＋识别者

心理过程：意识者＋过程＋现象

言语过程：言说者＋过程＋言语内容

行为过程：行为者＋过程

存在过程：存在物＋过程

每种配置还可添加环境成分，构成"参与者＋过程＋环境成分"功能配置。上述配置中每种成分都是从功能语义上加以区分的，体现了系统功能语言学以"功能"和"意义"为核心的基本理念。值得注意的是，及物性过程的判定不能简单依据动词，而应依据参与者、过程和环境成分的配置方式加以判断。

及物性系统尽管具有语言的普遍性，但具体过程类型以及每种类型的体现形式，在不同语言中存在差异，这对于翻译具有重要启示作用。汉语与英语的及物性过程基本对应，但也存在差异。具体可参见龙日金和彭宣维（2012）、周晓康（1990/2008）、Halliday & McDonald（2004）和 Li（2007）。龙日金和彭宣维（1981/2012）把汉语的及物性过程分为物质过程、归属过程、心理过程、言语过程和关系过程五种类型。其中，归属过程可用来赋予参与者属性和特征，由"载体"和"属性"两个功能成分来表达；关系过程反映参与者之间的关系，可进一步分为包孕类、属有类和环境类三种类型（同上：10；14）。Halliday & McDonald（2004）将汉语及物性过程分为物质过程、关系过程、言语过程和心理过程四类。其中，物质过程包括行为过程，关系过程包括存在过程、归属过程（attributive）和识别过程三种类型。而归属过程又分为环境过程（circumstantial）、属有过程（possessive）、归附过程（ascriptive）和范畴过程（categorizing）四个次类，后两者可统称为包孕过程。归附过程，是指过程和属性重合的关系过程。归附过程是汉语关系过程的一种重要类型，其翻译也常具有一定特点。Li（2007）同样采用了及物性过程的

第4章 经验意义翻译：翻译中及物性过程的选择

四分法，与 Halliday & McDonald（2004）的论述十分相似。

4.2 翻译中及物性过程的选择与改变

及物性过程是构建经验意义的重要手段。英汉语言系统中经验意义的具体体现形式，有共性更有差异。译文及物性过程的选择会直接影响译文经验意义的重构，及物性过程不能任意改变，但也应顾及目的语的语言表达规范，若与译语语言系统规范产生冲突，则应选择合适的小句过程重构原文的经验意义。了解每种过程小句的特点，并在翻译实践中增强及物性过程分析的意识，有助于译者更敏锐地把握原文意义，同时产出更准确的译文。翻译过程中，译者可以选择及物性过程的保留或改变。

4.2.1 翻译中保留及物性过程

翻译过程中，如果及物性过程的保留能够再现原文的经验意义，则优先加以保留。下文为保留原文及物性过程的翻译实例：

例［1］

原文：**Jiuzhaigou has preserved** one of the most stunning views of nature that it could be called China's Garden of Eden.

译文：**九寨沟保存了**自然界最迷人的景观之一，堪称中国的伊甸园。

原文为物质过程，参与者为 Jiuzhaigou 和 one of ... views of nature，过程动词为 has preserved，译文的功能配置与原文保持一致。

例［2］

原文：The diagram **indicates** the temperatures that must be attained to achieve a desired structure and the change that will occur on subsequent cooling.

译文：该图**显示**了晶体达到理想结构所需的温度以及冷却时所发生的结构变化。

此例为材料英语的翻译实例。原文为物质过程，过程动词为 indicate，翻译后可选择保留该及物性过程，使译文与原文的经验意义对等。

例［3］

原文：In the first few years following the discovery of the laser, applications developed so slowly that the laser was described as a solution in search of a problem to solve.

译文：在激光被发现后的最初几年中，其应用发展十分缓慢，激光仅仅被当成寻求尚待解决问题的手段。

原文含有两个物质过程 applications developed… 以及 the laser was described …，翻译时保留了原及物性过程。

例［4］

原文：As money dries up, the balance of power may shift from the founders to investors, reducing the tolerance for supervoting shares and crony boards.

译文：随着资金的枯竭，权力的平衡可能会从公司初创者转向投资者，降低对超级投票权和裙带董事的忍耐度。

无论定式小句 …shift from…to…，还是非定式小句 reducing the tolerance…，译文的物质过程均与原文保持一致。

例［5］

原文：Pig iron is the first product in the process of converting iron ore into useful metal and is produced in a blast furnace.

译文：生铁是将铁矿石转换成铁质金属过程中的初级产品，该过程在高炉中完成。

此例为冶金英语的翻译实例。原文包括一个关系过程和一个物质过程。译者保留了原文的各个及物性过程。

例［6］

原文：Pig iron is important primarily as the raw material for other processes. A small portion of the total output is cast into final shapes as it comes from the blast furnace, but most iron is transferred in the molten state and fed into various types of furnaces to be made into steel.

译文：生铁是其他工艺生产所用的一种重要原材料。经过高炉炼成的生铁只有很少一部分直接铸造成最终形状，而大部分生铁是熔化成液态并进入到不同类型的炉子里炼成钢。

此例为冶金英语的翻译实例。原文含有关系过程 Pig iron is important，以及若干物质过程 A small portion of the total output is cast into…，most iron is transferred… 和 and fed into… 等。译文选择保留原文的各个及物性过程，与原文的经验意义保持一致。

例［7］

原文：**The simplest tests are** those for continuity (checking for a break in the fiber) and more moderate physical damage causing only small losses.

译文：**最简单的测试项目是**光纤的连续性（检查光纤中的断点），以及只造成较小损耗的中等程度物理损伤。

原文为包孕类（x is a）关系过程，译文保留了原文的关系过程，译者重构了原文的经验意义。

例［8］

原文：**Ceramics are compounds** between metallic and nonmetallic elements; **they are most frequently oxides, nitrides, and carbides.**

原译：陶瓷是介于金属和非金属元素之间的化合物，通常为氧化物、氮化物和碳化物。

原文为两个包孕类（x is a）的关系过程小句，Ceramics 和 they 为参与者，are 为过程动词，compounds 和 oxides, nitrides, and carbides 为属性成分。译文同样选择包孕类关系过程加以对应，译文与原文的经验意义对等。

例［9］

原文：**Semiconductors have electrical properties** that are intermediate between the electrical conductors and insulators.

译文：**半导体具有导电特性**，介于电导体和绝缘体之间。

原文和译文粗体部分均为属有类（x has a）关系过程。Semiconductors 为属有者，have 为过程动词，electrical properties 为属有物。译文也选用属有关系过程加以对应。

上文为英汉翻译保留及物性过程的实例，汉英翻译中译者也应优先考虑及物性过程的保留，如：

例［10］

原文：把权力关进制度的笼子里

译文：Power Must Be "Caged" by the System.

例［11］

原文：摸着石头过河

译文：wading across the river by feeling for the stones

例［12］

原文：可配置不同级别的用户权限，如操作员、维护人员、管理人员等。

译文：Different levels of user right can be allocated, such as operator, maintainer, manager, etc.

例［13］

原文：必须使用完整的符合标准规定的电气图形符号，在满足需要的情况下尽量采用最简单的形式。

译文：Complete standardized electrical graphic symbol must be used, and the simplest form shall be tried to adopt when the needs are met.

4.2.2　翻译中转换及物性过程

及物性过程的保留是译者重构译文经验意义时的优先选择，但也有很多情况需要译者改变及物性过程类型。如果机械地保留原文及物性过程，会造成译文生硬蹩脚，且与目的语语言表达规范发生偏差，即目的语语言系统建构此意义时，一般不会选用此种语言形式，此时译者应积极改变及物性过程类型，以适应目的语的语言规范。

物质过程是各类及物性过程中最基本的类型，其体现的经验活动用来表示"做什么"或者"发生了什么"，是所有及物性过程实例化频率最高的类型（Matthiessen，1995）。据研究统计，英汉/汉英翻译过程中，物质过程和关系过程之间的相互转换是最为突出的。下文结合例证加以说明。

4.2.2.1　关系过程转换为物质过程

例［1］

原文：Silicon is much more soluble in austenite than phosphorus.

原译：硅在奥氏体中的溶解度比磷大得多。
改译：硅比磷更容易溶于奥氏体。

原文为关系过程中的包孕过程小句，符合"x is a"的语言形式，soluble 为属性成分，表示"可溶的，易于溶解的"。译文选择物质过程小句，选择了动词"溶（解）"，"硅比磷更容易溶于奥氏体"，及物性过程与原文相比发生转换。译文"硅比磷更容易溶于奥氏体"简洁精练，且更符合汉语的表述习惯。

例［2］
原文：Burning fat can promote endurance and more physical and mental activity throughout the day. **Carbohydrates, on the other hand, are what the body uses for intense physical activity.**
译文：燃烧脂肪可以增强一个人的耐力，让其有精力在一天中开展更多体力和脑力活动。**身体在进行剧烈运动时则会燃烧碳水化合物。**

原文粗体部分为包孕类关系过程，符合"x is a"的表达。译文则选用物质过程"……燃烧碳水化合物"加以对应，经验意义重构的过程中转换了及物性过程类型。

例［3］
原文：Burnt Cape Ecological Reserve on the Great Northern Peninsula **is home to** unique and rare flora along a coastline with fantastic limestone topography, which has been eroded by water.
译文：在北部大半岛的Burnt Cape生态保护区，海岸沿线的植物群独特稀有，岸边喀斯特地貌受到海水侵蚀，构成了一副壮丽的景象。

原文粗体部分符合"*x* is *a*"结构，为包孕类关系过程。译者重构原文意义时，选择了不同的经验意义体现方式，舍弃了原文 …is home to… 的小句，转而选用物质过程再次识解原文意义，符合汉语的表述规范。

4.2.2.2 物质过程转换为关系过程

例［1］
原文：This hydraulic press is chiefly characterized by its **simplicity** of operation and the ease with which it can be maintained.
译文：这台水压机的主要特点是操作简单、维修容易。

原文为物质过程，选用了 …is characterized by… 的表达，译者选用"……的特点是……"加以对应，原文的物质过程转换为译文的关系过程。

例［2］
原文：With great technological power comes great political responsibility.
译文：技术能力越大，政治责任越大。

原文为一个倒装的物质过程小句，常规语序应为 Great political responsibility comes with great technological power，翻译后变为两个归附类关系过程"技术能力越大""政治责任越大"。

4.2.2.3 其他类型的及物性过程转换
翻译时，除了物质过程和关系过程之间的转换外，还有多种其他类型及物性过程的转换。以下为存在过程转换为物质过程的实例。

例［1］
原文：There is no physical contact between the tool and the workpiece.

原译：在工具和工件之间没有直接接触。

改译：工具和工件不直接接触。

本例为机械英语的翻译实例。原文为典型的 there be 存在过程小句，原译保留了该存在过程，并将 between...and... 译为框架介词"在……之间"，译文机械生硬，翻译痕迹明显。舍弃框架介词，同时选用物质过程重新识解原文的意义，译为"工具和工件不直接接触"，译文表达简洁流畅，且符合目标语的语言规范。

例［2］

原文：Nevertheless, **there is still a risk** of a further tightening in financial conditions that could expose financial vulnerabilities, which have been highlighted repeatedly in previous Global Financial Stability Reports.

译文：然而，金融条件仍**面临**进一步收紧的**风险**，进而暴露其他的金融脆弱性。此前的《全球金融稳定报告》曾反复强调过这些金融脆弱性。

资料来源：《全球金融稳定报告》，2020。

原文为存在过程，译者改变及物性过程，选用物质过程加以对应。

例［3］

原文：Hidden deep in the mountains of western China's Sichuan Province, **there is** a primitive and dreamy valley called Jiuzhaigou.

译文：在四川西部的群山中，**藏着**一条原始而又梦幻的山谷——九寨沟。

原文为存在过程小句 there is...，翻译时与前文 hidden deep 的语义整合，选用物质过程"藏着一条……"加以对应。

第4章 经验意义翻译：翻译中及物性过程的选择

下文为行为过程转换为关系过程的实例。

例［4］

原文：Wrought irons **behave** differently from iron which contains a lot of carbon.

原译：熟铁表现得与含碳量多的生铁不同。

改译：熟铁的性能不同于含碳量多的生铁。

原文可看作行为过程小句，叙述对象为 wrought irons，过程动词为 behave。如果对照原文的及物性过程配置，直译为"熟铁表现得与含碳量多的生铁不同"，则不符合汉语的表述习惯。此例所建构的意义是在描述熟铁的性能，并非描述熟铁的行为过程，因此译者可转换及物性过程，选择汉语表达事物属性常用的归附类关系过程，即过程和属性重合的小句，进而确定译文"熟铁的性能不同于含碳量多的生铁"，其中"不同于"既是过程又是属性。

值得注意的是，英语中会出现隐喻式的及物性表达，即及物性隐喻。及物性隐喻的存在使经验意义的体现形式变得复杂。具体而言，及物性系统作为体现经验意义最主要的语法手段，及物性过程的使用中常有一致式和隐喻式之分。及物性隐喻便是隐喻式的表达，其功用在于重塑人类经验，是构建现实世界的重要手段。

例［5］

原文：High-speed grinding does not know this disadvantage.

原译：高速磨削不了解此种缺点。

改译：高速磨削不存在此种缺点。

本例为机械英语的翻译实例。从形式上看，原文 High-speed grinding does not know this disadvantage 为心理过程小句，心理过程动词为 know。然而，此句的参与者 High-speed grinding 为无灵性参与者，不能实现心理动作。可以判断，原文选择了及物性隐喻，用心理过程表示存在过程。原文实际在表达高速磨削不存在这种缺点，译文选用存在过程重新识解原文意义。

例[6]
　　原文：我国国际影响力、感召力、塑造力进一步提高。
　　译文：We have seen a further rise in China's international influence, ability to inspire, and power to shape.

原文为物质过程，译文选用及物性语法隐喻，用心理过程来识解原物质过程所体现的意义。伴随着及物性翻译转换，各功能成分也相应发生了变化，原文由无灵参与者"影响力""感召力"和"塑造力"变为有灵参与者 We，核心过程由抽象动词"提高"变为感官动词 have seen，补充了现象成分 a further rise 和抽象的环境成分 in China's international influence…。译者的及物性转换增强了译文的表现力和感染力。

4.3　翻译中及物性过程次类型的选择与转换

上文论述了及物性过程在翻译中的保留和转换。除了及物性过程类型的转换以外，译者还应注意每种过程次类型之间的转换。下文以物质过程、关系过程和心理过程为例，说明再实例化过程中译者对及物性过程次类型的保留和改变。

4.3.1　翻译中物质过程次类型的保留与转换

Calzada Pérez（2007）对物质过程的翻译转换进行分析，发现物质过程次类型之间的转换是所有翻译转换中最常见的。物质过程是及物性系统中实例化频率最高的类型，其次类型也相对丰富，因而它们之间的转换频率也较高。

4.3.1.1 物质过程次类型的保留

根据不同的分类标准,物质过程次类型可分为动作过程和事件过程、有灵物质过程和无灵物质过程、具体物质过程和抽象物质过程等。根据"形式意义统一律",翻译过程中,译者优先选择保留各个物质过程次类型。

从及物性过程的承担对象来看,物质过程可分为动作过程(Action Process)和事件过程(Event Process)。动作过程为生命实体的执行过程;事件过程为无生命实体的反映过程。例如:the sugar dissolved 表示经验世界中的一种事件发生(happening),属于事件过程;而 she stirred the coffee 表示经验世界中的一种动作发生(doing),属于动作过程。(Martin et al., 2010:100)可见,事件过程和动作过程之间的边缘界限较为清晰,语义差异明显,翻译中往往需要保留该物质过程次类型。

例[1]

原文:**The water levels** of the Atlantic Ocean, the Pacific Ocean, and the Indian Ocean **have been rising** for the last 50 years.

译文:大西洋、太平洋、印度洋的**水位**在过去50年里**持续上升**。

原文为事件类物质过程小句,the water levels 为参与者,have been rising 为过程动词,for the last 50 years 为环境成分。翻译中可直接保留该事件类物质过程,译文与原文的经验意义对等。

例[2]

原文:For Chinese gen Z and millennial generations (raised in periods of relative affluence), the game-like elements of surprise and excitement have stimulated buyer curiosity.

译文:对中国的Z世代和千禧一代(他们在相对富裕的时代

长大）而言，游戏般的惊喜感和兴奋感激发了他们作为买家的好奇心。

原文为动作类物质过程，原文的参与者为 elements of surprise and excitement，及物性过程为 have stimulated，目标为 buyer curiosity，译文保留了原文的动作类及物性过程。

汉英翻译同样也应优先选择保留物质过程次类型，如：

例［3］
原文：中国要积极**应对**北极气候变化，**保护**北极独特的自然环境和生态系统，**提升**北极自身的气候、环境和生态适应力，**尊重**多样化的社会文化以及土著民族的历史传统。

译文：China will actively **respond to** climate change in the Arctic, **protect** its unique natural environment and ecological system, **promote** its own climatic, environmental and ecological resilience, and **respect** its diverse social culture and the historical traditions of the indigenous peoples.

原文为多个并列的动作类及物性过程小句，译者选择保留各个及物性过程，与原文的经验意义保持一致。

4.3.1.2 物质过程次类型的转换

上文将物质过程分为动作过程（Action Process）和事件过程（Event Process）。然而，因事件过程和动作过程之间的边缘界限较为清晰，语义差异明显，翻译中较少需要两者之间的转换。然而，物质过程翻译中有灵与无灵参与者之间的转换、抽象与具体物质过程之间的转换、主动与被动物质过程之间的转换等常常是译者需要加以重视的。

具体过程和抽象过程之间的转换，如：

第4章 经验意义翻译：翻译中及物性过程的选择

例［1］

原文："And was David good to you, child?" asked Miss Betsey, when she had been silent for a little while, and **these motions** of her head had gradually ceased. (*David Copperfield*)

译文："呃，孩子，当初大卫待你好吗？"贝萃小姐问道，那时候，她已经静默了一会儿了，她那脑袋**一梗一梗的动作**也慢慢地停下来了。（张谷若译）

原文用 these motions 指代贝萃小姐的头部动作，以避免重复。若直接译为"那些动作"，则不能直观形象地反映出这些动作。译者可以添加"一梗一梗的"，使得抽象的动作变得具体化、形象化。

有灵参与者与无灵参与者之间的转换，如：

例［2］

原文：…but I informed myself of the hour at which she left of an evening, in order that **our visit** might be timed accordingly. (*David Copperfield*)

译文：不过我却问明白了，她每天晚上都是什么时候下班儿回家，为的是**我们**可以按照那个时刻去到她家。（张谷若译）

原文的 our visit might be timed accordingly 为物质过程，参与者为无灵性的 our visit，译文"我们可以按照那个时刻去到她家"仍为物质过程，但参与者转换为灵性参与者"我们"。

相比具体和抽象、灵性和无灵性物质过程次类型的转换，翻译中主动与被动物质过程之间的转换最为常见，具体例证详见第5章5.2节。

4.3.2 翻译中关系过程次类型的保留与转换

按照韩礼德（Halliday，1994：119）的理论模式，关系过程有包孕类、属有类和环境类三种次类型。包孕类关系过程是指语言形式上体现为 "x is a" 的过程小句；属有类关系过程是指语言形式上体现为 "x has a" 的过程小句；环境类关系过程是指语言形式上体现为 "x is at a" 的过程小句，其中 at 事实上代表了常见介词。汉语关系过程中有一种特殊的小句类型，即归附过程。归附过程是及物性过程和属性重合的关系过程，如"花很红，树很绿"。"红"和"绿"既是过程，同时又是属性。这与汉语形容词的谓语属性有关，是汉语关系过程的一种重要类型。翻译中英语的包孕小句和属有小句，译者应注意选择使用归附小句加以对应，以符合汉语的语言使用规范。

4.3.2.1 关系过程次类型的保留

根据"形式意义统一律"，译者在翻译过程中优先选择保留原关系过程的次类型。

例［1］
原文：It was the biggest banking takeover in history.
译文：这是银行业史上最大的收购案。

例［2］
原文：Metaphor is a device of the poetic imagination and the rhetorical flourish.
译文：隐喻是诗意想象和修辞多样性的一种手段。

以上两例的原文均符合 x is a 的表达，属于关系过程中的包孕小句，翻译时也保留该次类型，译为汉语的包孕小句。

例［3］
原文：They have a villa by the sea.
译文：他们在海边有套别墅。

例 [4]

原文：The shareholders of the company have many original shares.

译文：公司股东有很多原始股。

以上两例的原文均符合"*x* has *a*"的表达，属于关系过程中的属有小句，翻译时也保留该次类型，译为汉语的属有小句。

4.3.2.2 关系过程次类型的转换

相比关系过程次类型的保留，次类型转换的情形更值得译者关注。由于英汉两种语言识解经验意义的方式存在差异，有时在翻译中须调整关系过程的次类型，以符合目的语语言的表述习惯。

例 [1]

原文：Evidently semi-conductors **have a lesser conducting capacity** than metals.

原译：显然半导体具有比金属差的导电能力。

改译：半导体的导电能力显然比金属差。

本例为材料英语的翻译实例。原文为关系过程小句中的属有过程小句，过程动词为 have，属有物为 conducting capacity。然而，该属有物具有不可让渡性，即不能真正给予他者，因此更多表示属有物自身固有的特征。换言之，此句虽为属有类关系过程，但交际意图并非表达属有关系，而是要给事物指派特征。如果直译为"显然半导体具有比金属差的导电能力"，则与汉语描述事物特性的表达习惯和语言规范相冲突。如果选用关系过程中的归附过程，过程与属性重合，译为"半导体的导电能力显然比金属差"，则更符合汉语事物指派特征的语言规范。译者改变关系过程的次类型，将属有关系小句变为归附关系小句，更符合汉语的表达习惯。

例〔2〕

原文：This camera has a compact body.

译文1：本机有小巧的机身。

译文2：本机机身小巧。

原文为关系过程中的属有小句，译文选用汉语关系过程中的归附小句"机身小巧"，更符合汉语表达事物特点的习惯。

例〔3〕

原文：**Rubber is not hard**; it gives way to pressure.

译文：**橡胶不硬**，受压就会变形。

原文粗体部分符合 x is a 的表达形式，为包孕关系小句，译文选用归附小句，"硬"既是过程又是属性，"橡胶不硬"属于汉语的形容词谓语句。

例〔4〕

原文：Steel theoretically is an alloy of iron and carbon. When produced commercially, however, **certain other elements** — notably manganese, phosphorus, sulfur, and silicon — **are present in small quantities**.

译文：从理论上讲，普通碳素钢是铁和碳组成的合金。工业生产的钢铁中**往往含有少量其他元素**，特别是锰、磷、硫和硅。

原文粗体小句为关系过程中的包孕过程小句，表现为 x is a 的结构，in small quantities 为表示"方式"的环境成分。该意义在译文中再现时，可选用关系过程的属有过程小句"含有少量其他元素"，转换及物性过程的次类型，使译文表达更符合目的语的表述习惯。

例 [5]

原文：Polymers include the familiar plastic and rubber materials. Many of them are organic compounds that are chemically based on carbon, hydrogen, and other nonmetallic elements; furthermore, **they have very large molecular structures**. These materials typically **have low densities and may be extremely flexible**.

原译：聚合物包括常见的塑料和橡胶材料。它们中的大多数是有机化合物，这些化合物是以化学的方法把碳、氢和其他非金属元素组合而成。此外，**它们有非常大的分子结构。这些材料通常有低的密度**并且可能十分柔软。

改译：聚合物包括常见的塑料和橡胶材料。其中大多为有机化合物，是以化学的方法把碳、氢和其他非金属元素组合而成。此外，它们为大分子结构。这些材料通常密度低且可能十分柔软。

此类翻译可调整关系过程的次类型。原文粗体部分为两个属有类关系小句，原译保留了两处属有小句，"它们有非常大的分子结构""这些材料通常有低的密度"，不如将其分别改为包孕小句"它们为大分子结构"和归属小句"这些材料通常密度低"，译文的接受度更高。

4.4 名物化的翻译：经验意义的重新识解

名物化[①]（nominalization）是指把小句的过程和特性被隐喻性地措辞为名词（词组）（Halliday，1994：352）。译文把原文小句的及物性过程隐喻性地措辞为名词词组，成为"被冻结了的及物性过程"（李运兴，2010：168）。名物化是经验意义的重新识解。翻译时根据实际情况，选择保留名物化，或去名物化，即将冻结的及物性过程解冻。

---

① 名物化是产生语法隐喻（grammatical metaphor）最强有力的语言资源。

4.4.1 翻译中保留名物化

名物化是英语科技文本中的常见现象，它将动词或形容词重新包装为名词。名物化也是科技文本客观性、科学性的一种体现，尤其是形容词重新包装为名词的情况，多表示事物或现象的特性，翻译中通常选择保留。如：

例[1]

原文：The first large-scale applications were for telephone links. The pressures to expand services and the **suitability** of fibers for voice communications combined to hasten the design and testing of operational telephone equipment. Telephone experience demonstrated the **reliability and practicality** of fiber communications. It also provided devices and system-design methods that could be used in other applications.

译文：光纤的第一次大规模应用是在电话线路中。由于扩展通信业务的压力，以及光纤适合于语音通信的**特性**加快了光纤电话传输设备的设备和试验进程。电话传输的成功，验证了光纤通信的**可靠性**和**实用性**，同时也为其在其他领域中的应用提供了合适的器件和系统设计方法。

原文粗体部分的 suitability、reliability 和 practicality 分别是由形容词 suitable、reliable、practical 转变而来，译者保留原文的名物化表达，用"特性""可靠性""实用性"加以对应，符合科技文本客观性、科学性突出的特点。

当出现多个名物化成分与名词成分并列时，译者应灵活调整，根据上下文语境及目的语表达规范，重新建构原文的经验意义。

例[2]

原文：Oxygen is also injected upwards into the molten bath

through the refractory walls providing close **control** of thermal and chemical conditions, superior process **flexibility**, high reaction rates and **minimization** of refractory, dust, and other problems encountered with conventional tuyers or top-blowing.

译文：氧气也是穿过耐火炉壁向上喷吹到熔池中，从而达到热状态和化学条件的严格**控制**、良好的过程**灵活性**和较高的反应速度，而将耐火材料问题、烟尘问题以及其他采用一般常规风口和顶吹法时所遇到的问题**减小到最低限度**。

原文表达过程中使用了多处名物化成分，如粗体部分的control、flexibility 和 minimization，它们与其他名词性成分如 chemical conditions 和 high reaction rates 并列使用。可将 control 和 flexibility 译为"控制"和"灵活性"，与名词性成分"反应速度"并列，将 minimization 进行"去名物化"，改为动词表达，译为"减小到最低限度"。又如：

例［3］

原文：**Reliability** can be improved by design for ease of maintenance, which involves ergonomic man-machine relationships affecting **accessibility**, the nature of adjustments, **facilities** for replacement, measurement and inspection, and by logical faultfinding procedures.

译文：通过逻辑查错程序和便于维护的设计也能增加**可靠性**，因为这种设计需要考虑到人类工程学的人机关系，这些关系会影响维护的**方便性**、调整的性质、更换部件的**便利**及**测量**和**检验**。

4.4.2 翻译中去名物化

除了上述保留名物化翻译的情况外，因英语语言系统中词类的语法关系与汉语差异巨大，汉译时原文中的名物化成分常常依据行文需要灵活变通，改变词性，其中最常见的是名词转变为动词，即发生"去名物化"。

4.4.2.1 科技文本翻译中的去名物化

首先来看科技文本翻译中的去名物化实例。英汉翻译中，英语中被冻结的及物性过程解冻，在译文中重新识解为小句的过程和特性。如：

例［1］

原文：**The absence of** modern waste management facilities such as sanitary landfills has left open dumping as the only means of **disposal** for solid waste.

译文：由于**缺乏**卫生填埋场这类现代废物管理设备，露天倾弃便成为**处理**固体废弃物的唯一途径。

资料来源：*Journal of Environmental Science and Engineering*，2015。

原文粗体部分的 absence 和 disposal 均为名物化成分，冻结了 be absent 和 dispose 这两个及物性过程。译文选择动词形式"缺乏""处理"与之对应，原文的单个小句，也变为译文由呈现因果关系的两个小句组成的小句复合体。

例［2］

原文：The **leak problems** in public water supply systems lead in **loss** of clean drinking water which resulted **in the need for** more energy and material resources for the operations of abstractions, transportation and treatment.

译文：公共供水系统**渗漏**导致清洁饮用水**流失**，后果是**需要**在抽取、运输和处理水源方面投入更多的精力和物质资源。

资料来源：*Journal of Environmental Science and Engineering*，2015。

原文中的 leak、loss、need 均为抽象的名物化，这是英文科技语篇的用词特点。若依据原文的词性翻译，译文则不符合汉语的语言表述规范。译者将原文的名词均变为动词，发生了去名物化。又如：

例［3］

原文：**Introduction** of fibers into operational systems proceeded quickly in comparison with the times engineering innovations usually require for acceptance.

译文：与一般的工程发明被接受的时间相比，将光纤**引进**实际运行系统的发展还是很快的。

原文使用了名物化成分 introduction，译文将其转换为动词"引进"重新识解了小句的经验意义。

例［4］

原文：An **evaluation** of the results of studies of the friction of solids at elevated temperatures in a vacuum and in air has enabled the **identification** of promising materials for use as solid-lubricating substances within various temperature ranges.

译文：在真空和空气中，对温度升至较高后的固体摩擦研究已得出结果；对研究结果进行**评定**后，**识别出**一种潜在物质，一种在各种温度范围内都有固体润滑作用的物质。

原文尽管较长，但分析其句子结构，仍为简单句，句子的核心骨架为 An evaluation has enabled the identification。原文的复杂性不在句子结构上，而在两处名物化成分 evaluation 和 identification 的后置修饰语上。evaluation 后跟 of 引导的介词短语，of 短语中又嵌套着多个 of 结构，of the results of studies of the friction of solids，如果都译为"……的"，译文会变得"的的不休"，欧化翻译腔十分严重，偏离了汉语的常规语言表达。翻译时译者可重新识解原文意义，把名物化成分"去名物化"，即转换为动词加以对应。evaluation 译为"进行评估"，identification 译为"识别出"，译文逻辑清晰，并按照事件发生的先后顺序重新加以编排，易于读者理解，提高了译文的可读性。

可见，尽管名物化的大量使用是科技英语的显著特点，是其专业性和学术性的体现。然而，英汉翻译中考虑到目的语的语言特点，名物化的表达会根据行文的需要调整为相应的动词或形容词，以避免欧化翻译腔。

例［5］

原文：The **selection** of site includes the **consideration** of topography of the area, suitable foundation, spillway (outflow) site, **availability** of materials, watertightness of reservoir made, submergence due to the **construction** of reservoir including the **rehabilitation** of the displaced over, accessibility, sediments problem, the direct and indirect benefits of the dam and the minimum overall cost.

译文：**选择**坝址需要**考虑**诸多因素，包括该地区的地形地貌、地基的牢固性、泄洪（排水）处、材料是否可**获得**、水库的水密性、因**修建**水库而造成的淹没损失（包括人口迁徙的**复建**费用）、交通便利性、沉积物问题、大坝的直接间接利益及最低总成本等。

资料来源：*Basic Environmental Engineering*。

原文粗体部分均为名物化的使用，翻译成中文均转换为动词，译者进行"去名物化"的操作。

例［6］

原文：In the nano-structured Al_2O_3-3wt. % TiO_2 coating, plastic deformation provided a process for energy dissipation and reduced stresses due to the **existence** of equiaxed nano-sized α-Al_2O_3 grains and the **decrease** of γ-Al_2O_3 grain size, which resulted in **higher adhesion strength** between splats and substrate and / or the previous deposited layers.

译文：Al_2O_3-3wt. % TiO_2纳米涂层中因为**存在**等轴α-Al_2O_3纳米

颗粒和**变小**的γ-Al$_2$O$_3$颗粒,所以塑性形变过程中有能量的耗散并伴随着应力的变小,致使嵌条与基底或之前析出的涂层之间的**黏合强度提高**了。

原文粗体部分有多处名物化成分,译者重构意义时,可选用名物化相对应的动词"存在""变小""粘合强度提高"加以表达。

例〔7〕

原文:In other words, the **enhancement** of the fracture **toughness** of ZHC-1 should be mainly contributed to the **presence** of the nanoplates.

译文1:换言之,ZHC-1断裂韧性的增强主要是由于纳米片的存在。

译文2:换言之,ZHC-1断裂韧性得以增强,主要因为增加了纳米片。

本例即选用了科技英语最喜欢的小句。此句中,经验内容包装在了名词词组中,名词表达过程和品质。三处名物化成分 enhancement、toughness、presence 分别是从动词 enhance 和形容词 tough 和 present 转变而来。英语名物化的使用,使得名词充当句首的叙述起点,为构建和展开论点提供了强有力的资源。如保留名物化,可得到译文1;若去名物化,可得到译文2。译文1受原文语言结构的影响更大,欧化语言明显,翻译腔突出;译文2更符合汉语的表达习惯。两种译文在翻译实践中均有出现。

原文的名词使用突出,译文的动词使用突出,这也符合英语是名词型语言、汉语是动词型语言的特点。刘丹青(2010)指出,汉语是动词型或动词突出的语言,英语是名词型或名词突出的语言。它们分别代表了在词类的语法优先度上相对立的两种语言类型。名词型语言的谓语动词有各种强制性范畴需要表达,动词的形态和句法负担较重,会造成表达的繁芜冗长。为了减少语法负担,常选择用各种非限定形式甚至名词本身来表示事件、命题，乃至单独成句，完成一次交际任务。动词型语言的谓语动词则没有这种强制性重负，随时可以轻装上阵，不必进行非限定性或名词化的操作，增强了动词性成分在语言中的重要性和活跃性（同上：15）。

4.4.2.2　文学及其他语类文本翻译中的去名物化

相比科技文本，文学文本中名物化成分在译文发生去名物化的情况更为常见，如：

例［1］

原文：There was a **twitch** of Miss Betsey's head, after each of these sentences. (*David Copperfield*)

译文：贝萃小姐说这番话的时候，每逢说完了一句，都要**把头一梗**。（张谷若译）

例［2］

原文：Our **appearance** in a shop was a signal for the damaged goods to be brought out immediately. (*David Copperfield*)

译文：我们只要一进铺子，那就等于给了铺子里的人一个信号，叫他们马上把坏了的东西拿出来。（张谷若译）

原文两处名物化成分 twitch 和 appearance，把原文人物动态的行为凝结为静态表达，但是译者将两者均处理为动作过程，名物化包含的隐含动态行为得以激活，译文发生去名物化。去名物化后，语义层中的经验意义事件得以再次通过及物性过程加以表达。

例［3］

原文：Honest Jemima had all the bills, and the washing, and the mending, and the puddings, and the plate and crockery, and the servants to superintend. (*Vanity Fair*)

译文：老实的吉米玛工作多着呢，她得管账，做布丁，指挥佣人，留心碗盏瓷器，还得负责上上下下换洗缝补的事情。（杨必译）

此例为萨克雷的小说 *Vanity Fair*（《名利场》）中的译例。原文中出现了多个名词（the bills、the puddings、the plate and crockery）或名物化（the washing、the mending），译文均选用动词表达加以对应（管账、做布丁、指挥佣人、留心碗盏瓷器、负责换洗缝补）。原文表达名词突出，译文表达动词突出，这也符合英语是名词型语言，汉语是动词型语言的特点。

例［4］
原文：I have an admiration for her character. (*David Copperfield*)
译文1：我羡慕她的品格。（董秋斯译）
译文2：我对她的品格，颇为敬仰。（张谷若译）

通常认为，"I have an admiration for her character"和"I admire her character"这两个小句在意义的表达上没有差异，但是从系统功能语言学"形式体现意义"这一原则出发来看，两者的词汇语法选择不同，因而意义也有所差异。具体而言，I have an admiration for her character 为含有名物化的过程，比 I admire her character 更能体现出语言的庄重和典雅，后者相比前者，体现了更多的口语特征。依据 Halliday & Martin（1993：128-129）提出的雅式（Attic）和土式（Doric）两个概念，前者属于雅式语言，体现语言的典雅；后者属于土式语言，体现语言的俚俗。英语书面语与口语相比，更多地体现雅式语言的特征，名物化的使用比例较高。这也是正式语体和非正式语体在词汇语法特征上的重要差异。译文1尽管选择了去名物化，但未能体现出雅式语言的特点，译文2也进行了去名物化，且采用四字格表达"颇为敬仰"，再现了语言的庄重和典雅。

文学文本之外，其他语类的文本中也存在着大量去名物化的现象。如：

例［5］

原文：The adrenaline **rush** involved in **unwrapping** a blind box contributes to the **sense of fun** and **addiction** that makes them so popular with Chinese consumers.

译文：打开盲盒的瞬间，肾上腺素飙升，带来无穷乐趣，让人沉迷其中，这使得盲盒深受中国消费者的欢迎。

名物化在翻译中的处理。原文为单句，内含多个名词性表达：rush、unwrapping、sense of fun、addiction 等。翻译时译者可充分利用汉语动词突出的特点，将原文的单句拆分为多个流水小句："打开盲盒""肾上腺素飙升""带来无穷乐趣""让人沉迷其中""使得盲盒深受……欢迎"。

例［6］

原文：At this time of year, few sights evoke more **feelings** of cheer and goodwill than the **twinkling** of a Christmas tree.

原译：每年此时，很少有情景能比圣诞树上的**闪烁**更能激发人的欢乐祥和的**感觉**。

改译：每年此时，圣诞树上灯光闪烁，很少有情景能比这更让人感到欢乐祥和。

此例为已故英国女王伊丽莎白二世 2015 年发表的圣诞致辞中的内容。原文有两处名物化 feelings 和 twinkling 做 evoke 的宾语，原译保留了原文的表述形式，翻译的机械痕迹突出。译者可重新识解原文的意义，将两处名物化换为动词形式，the twinkling of a Christmas tree 译为"灯光闪烁"，feelings of cheer and goodwill 译为"感到欢乐祥和"，去名物化后译文更符合汉语的表述习惯。

第4章 经验意义翻译：翻译中及物性过程的选择

例[7]

原文：Working from home is weird. Home is no longer refuge, plus many higher ups seem to believe that working from home means more free time, so e-mails after work hours become normalized and more Zoom meetings are held on a daily basis. For students, the scenario is similar: **extended hours, makeup classes,** and **more assessments.** (Balita, 2022, p.83)

译文：在家办公很奇怪。家不再是避风港，而且很多管理者似乎认为在家办公意味着更多自由时间，下班后发送电子邮件成为常态，每天在Zoom上召开的视频会议也更多了。对学生来说，情况类似：**学时延长、补课更多、测验增加**。

该例中，原文粗体部分只有assessment是严格意义上的名物化成分，但译者可将extended hours、makeup classes 和 more assessments 做同等处理，即均发生去名物化，变为汉语动词型表达，"学时延长""补课更多""测验增加"。这同样符合英语是名词型语言，汉语是动词型语言的特点。

语言的概念功能提供了将外在世界和内在世界的人类经验建构为意义的资源。它有两种实现模式：经验模式和逻辑模式。前者指用意义配置的方式建构人类经验，即在有机的意义配置中，每个成分有不同的功能。小句核心通过增加成分的方式扩展，形成结构上的配置。后者指用序列的方式建构人类经验，即在意义序列中，每个成分有相同的功能，它们之间存在一定的逻辑语义关系。小句核心通过增加序列的方式扩展，形成小句复合体（Matthiessen et al., 2010：92；132；Matthiessen, 2004：578）。不同语言建构世界经验时如何在两种模式之间分工，存在较大差异。这种分工的不同，体现为概念意义在语言系统中选择结构配置还是小句序列时的概率不同，而概率又是语言系统的重要特点之一（Halliday, 2003：23-24）。根据上文的论述，英汉语言系统的类型学差异，是导致翻译中去名物化趋势的重要原因。概念意义在英汉两种语言的体现方式上存在不同的倾向性，汉语是动词突出的语言，其小句序列的经验意义识解方式更为突出；英语是名词突出的语言，其结构配置的经验意义识解方式更为突出。翻译过程中，译者应重视此种差异，并做出合适的翻译选择。

4.5 复杂修饰语的翻译

通过上文的讨论可知，英语是名词型语言，名词成分使用突出，因而名词的修饰语使用频繁。下文以复杂修饰语的翻译为例，总结常用的翻译翻译方法和翻译技巧。

4.5.1 前置/后置定语的翻译

英语名词修饰语的位置可前可后，较为灵活，但汉语中较少使用后置修饰语，因此英汉翻译中，英语的后置定语常会处理为汉语的前置定语。如：

例［1］

原文：This is a hollow steel cylinder, **usually about 51 to 76mm (2 to 3 inches) in diameter**, that can be moved several inches longitudinally in and out of the upper casting by means of a hand wheel and screw.

译文：它是一个直径通常在51—76mm（2—3英寸）之间的钢制空心圆柱体。通过手轮和螺杆，尾座套筒可以在尾座体中纵向移入和移出若干英寸。

资料来源：马棚网。

原文的后置修饰语 usually about 51 to 76mm (2 to 3 inches) in diameter 翻译后变为前置修饰语。

例［2］

原文：Radial bearings, which carry a load acting as right angles to the shaft axis, and thrust bearings, which take a load acting parallel to the direction of shaft axis, are two main bearings used in modem machines.

译文：承受的荷载和轴心线成直角的径向轴承，以及承受的荷载和轴心线平行的止推轴承，是现代机器使用的两种主要轴承。

资料来源：马棚网。

radial bearings 和 thrust bearings 后面的修饰语，翻译后变为前置修饰语。

例［3］

原文：As one solution to railway transport modernization, freight and heavy haul transport at relatively high speeds calls for the development of a new locomotive **with an axle load of 25t, which is capable of pulling a 4000-5000t freight train at maximum speeds ranging from 80km/h to 90km/h.**

译文：为了适应铁路运输现代化的需要，实现货物运输重载化、快捷化，需要研制**轴重25吨，能牵引4000—5000吨货物列车，最高运行速度为80—90千米/小时**的重载货运机车。

资料来源：康志洪《科技翻译》，2012。

此例为复杂后置修饰语。原文 a new locomotive 后面有多个修饰语"with an axle load of 25t, which is capable of pulling a 4000-5000t freight train at maximum speeds ranging from 80km/h to 90km/h"，分析可知其中包含三部分内容，介词短语 with an axle load of 25t，非限定性定语从句 which is capable of pulling a 4000-5000t freight train 以及动名词短语 ranging from 80km/h to 90km/h。译文采用拆译法，将后置定语转换为三个前置定语，"轴重25吨""能牵引4000—5000吨货物列车""最高运

行速度为 80—90 千米 / 小时", 共同修饰核心名词"重载货运机车"。

多个形容词的并列使用也可看作英语的复杂修饰语, 翻译中译者应灵活加以处理。因汉语形容词具有谓语性特点, 常常在译文中用谓语性的表述加以对应。

例 [4]

原文: ...she had such a **kindly**, **smiling**, **tender**, **gentle**, **generous** heart of her own, as won the love of everybody who came near her, from Minerva herself down to the poor girl in the scullery. (*Vanity Fair*)

译文: ……除了这些不算, 她心地厚道, **性格温柔可疼**, **器量又大**, **为人又乐观**, 所以上自智慧女神, 下至可怜的洗碗小丫头, 没一个人不爱她。(杨必译)

此例为复杂前置修饰语, 选自《名利场》中的例证。原文 heart 前有并列的五个修饰语, 译文将意义相近的修饰语合并, 并将各个修饰语结构独立译出, 变为五个小句"她心地厚道, (她)性格温柔可疼, (她)器量又大, (她)为人又乐观", 这些形容词谓语句, 更符合汉语动词突出的特点。

例 [5]

原文: "Never mind the postage, but write every day, you dear darling," said the **impetuous** and **woolly-headed**, but **generous** and **affectionate** Miss Swartz; (*Vanity Fair*)

译文: 施瓦滋小姐说: "别计较邮费, 天天写信给我吧, 宝贝儿。"这位头发活像羊毛的小姐**感情容易冲动**, 可是**器量大**, **待人也亲热**。(杨必译)

此例为《名利场》中的例证, 同样为复杂前置修饰语。Miss Swartz

前面有四个并列的修饰成分 impetuous、woolly-headed、generous、affectionate，译者将原文作前置修饰语的形容词仅保留一处"头发活像羊毛的"，其余均处理为汉语的形容词谓语，对应三个小句"感情容易冲动""器量大"和"待人也亲热"，更符合目的语识解经验意义的方式。

4.5.2 定语从句的翻译

定语从句是科技英语中经常造成翻译困难的内容。定语从句一般位于名词之后，可分为限定性定语从句和非限定性定语从句两种。翻译时，译者要根据上下文进行逻辑判断，弄清其所修饰的对象。定语从句的翻译，通常有两种方法：（1）译成前置定语；（2）拆译成小句。李运兴（2011：206）认为："拆与不拆主要考虑如下因素：定语从句所表达的逻辑关系是严谨的限定关系，还是较疏远的对先行词的阐发、说明的关系。如系前一种情况，不要拆译，即使为了行文的需要未译为前置定语，而做了某种结构变通，也要保证形拆而意不拆；而后一种情况，则可根据行文需要在保证译文整体连贯的前提下拆译为小句。"可见，定语从句并非一味地拆译为小句，而要结合上下文，根据定语从句和先行词的关系紧密度加以判断。

下文以科技文本中的定语从句为例，总结常用的三种翻译方法。

4.5.2.1 译为前置定语

对于结构简单、内容简短的定语从句，或者定语从句与先行词之间所表达的逻辑关系是严谨的限定关系，翻译时将其前置。

例［1］

原文：Memory chips are hardware that stores information and instruction.

译文：内存芯片是存储信息和指令的硬件。

例［2］

原文：One of the most important principles **that influenced the design of the TCP/IP suite** is called the end-to-end argument. （Fall& Steven, 2012:6）

译文：影响TCP/IP协议簇设计的一个重要原则称为端到端论点。

例［3］

原文：Memcache is a high-performance, memory-level, and distributed key-value database service that is independently developed by Alibaba.

译文：Memcache是阿里巴巴自主研发的高性能、内存级、分布式键值数据库服务。

例［4］

原文：A sensor is a device, **which responds to an input quality** by generating a functionally related output usually in the form of an electrical or optical signal.

译文：传感器是一种产生电或光输出信号来回应外界输入量的装置。

例［1］—［3］中的定语从句均为限定性定语从句，上述3例均采用了译为前置定语的方法，修饰语容量有大有小，但与先行词的关系都较为密切。例［4］中的which引导一个非限定性定语从句，修饰a device，译文采取了逆译法，将该定语从句前置翻译，达到了"通顺""简练"的目的。

4.5.2.2　拆译为并列句

对于定语从句较长，或者虽然不长但译成前置定语不合逻辑，或不符合汉语表达习惯，此时译者可选择拆译，将其译为并列句。

第4章　经验意义翻译：翻译中及物性过程的选择

例［1］

原文：The client issues a command to the server, **which gets processed at the server / and the results are sent back to the client machine.**

译文：客户机向服务器发出命令，该命令在服务器上得到处理，而处理的结果再返回给客户机。

定语从句所表达的逻辑关系是对先行词的阐发、说明，与先行词关系较为疏远，译者可将定语从句拆分译为小句，"该命令在服务器上得到处理"和"处理的结果再返回给客户机"呈并列关系。

例［2］

原文：The oldest and most common machine tool is the lathe **which removes material by rotating the workpiece against a single-point cutter.**

译文：最古老最通用的机床是车床，它通过工件相对于车刀旋转从而实现切削材料。

原文描述了"车床"的特征，the lathe 后跟定语从句，说明了车床的工作机制。译文将原文拆分为两个小句，将充当限定成分的定语从句，变为与主句呈并列关系的另一小句"它通过工件相对于车刀旋转从而实现切削材料"，译文继而变为由两个呈并列关系的小句组成的小句复合体。

例［3］

原文：ISDN is a new service offered by many telephone companies that provides fast, high-capacity digital transmission of voice, data, still images and full-motion video over the worldwide telephone network.

译文：综合业务数据网（ISDN）是由电话公司提供的一项新型业务，这项业务可以在世界范围的电话网上进行语言、数据、静止图像和运动视频的快速、大容量数字传输。

本句中的关系代词 that 引导限定性定语从句，修饰 a new service，而非修饰 many telephone companies。由于后置修饰语较长，为了符合汉语的表达习惯，译文采用了分译法，重构了原文的意义。

值得注意的是，拆译过程中，常会采用先提后述法或先述后提法，使语义表达更为连贯。

先提后述法适用于结构复杂的并列长句，翻译时可先用"这样、它（们）、此种/类"等词语概括所修饰成分，然后分别叙述各个部分修饰的具体内容。

例［4］

原文：A computer is an electronic device **that can receive a set of instructions**, or program, and then carry out this program by performing calculations on numerical data or by compiling and correlating other forms of information.

译文 1：计算机是一种能接受一套指令和程序，并通过数据运算，或收集和联系其他形式的信息来执行该程序的电子装置。

译文 2：计算机是一种电子装置，它能接受一套指令或程序，并通过数据运算，或收集和联系其他形式的信息来执行该程序。

资料来源：*Computer and Its Kind*（计算机及其种类），2011。

原文先行词 electronic device 后跟复杂定语从句，翻译时若将修饰内容前置可得译文 1，此时修饰语容量过大，翻译痕迹明显。译文 2 采用"先提后述法"，用"它"来指代计算机这种电子装置，后文用多个小句分别叙述计算机的功能。

第4章　经验意义翻译：翻译中及物性过程的选择

例 [5]

原文：A sound card is a printed circuit board **that can translate digital information** into sound and back, that plug into a slot on the motherboard (the main circuit board of a computer) and is usually connected to a pair of speakers.

原译：声卡是一块能把数字信息译为声音，也能把声音变为数字信息的印制电路板，它插入主板（计算机主电路板）上的插槽，通常与扬声器连接。

改译：声卡是一块印制电路板，**它**能把数字信息译为声音，也能把声音变为数字信息，它插入主板（计算机主电路板）上的插槽，通常与扬声器连接。

原译将 a printed circuit board 后面的修饰内容放置"印制电路板"之前，导致译文名词的修饰成分容量过大，整个句子显得冗长、复杂。可先陈述"声卡是一块印制电路板"，把"声卡"当作叙述的话题，后面小句依次说明"声卡"的特点，也符合汉语流水句的表述习惯。

例 [6]

原文：Robots with the option Foundry Plus 2 are designed for harsh environments **where the robot is exposed to** sprays of coolants, lubricants and metal spits **that are typical for die casting applications or other similar applications**.

译文：配备 Foundry Plus 2 的机器人专为恶劣环境而设计，**此类环境中**，机器人暴露于冷却剂、润滑剂和金属喷嘴的喷涂，**这些**都是压铸应用或其他类似应用的典型特征。

资料来源：《ABB 机器人 IRB 1200 标准使用手册》。

原文包含 where 和 that 引导的两个定语从句，可选"先提后述法"，用"此类环境""这些"概括所修饰的内容，译文的表达更为流畅自然。

例［7］

原文：A fast and accurate symbol manipulating system **that is organized to accept, store, and process data** and produce output results under the direction of a stored program of instruction is a computer.

译文：一种快速而准确地处理符号的系统叫作计算机，它能够接收、存储和处理数据，并能在存储指令程序控制下产生输出结果。

原文主语过长导致整个句子"头重脚轻"，为了在译文中避免出现这种情况，将重要的部分提到句子前面，用"它"指代计算机，后文进一步描述"它"的功能，译文读起来十分流畅。

先述后提法指的是先叙述句子中心词的修饰内容，最后用"这样的、此种/类"等词语予以呼应。

例［8］

原文：The way **in which** a number of processor units are employed in a single computer system to increase the performance of the system in its application environment above the performance of single processor is an organizational technique.

资料来源：《计算机专业英语》。

原译：将众多处理器组成单一的计算机系统，从而提高该系统在其运行环境中的性能，使其超过单个处理器的性能的方法称为组织技术。

改译：将众多处理器组成单一的计算机系统，从而提高该系统在其运行环境中的性能，使其超过单个处理器的性能，**这种方法**称为组织技术。

采用"先述后提法"，翻译时可先将 the way 后跟的复杂修饰成分一一阐明，最后选用了"这种方法"来代指前文的内容，整个句子逻辑清晰,同时符合汉语流水句的表达方式。

4.5.2.3 拆译为状语

有些定语从句实际上具有状语的作用,翻译时可根据具体情况译成表示原因、目的、结果、条件、让步或时间的状语。

例〔1〕

原文:However, its speed is more than adequate for most interactive applications **where the CPU is often idle**, waiting for input or for data from other sources.

译文:然而其速度完全能满足大多数交互式应用程序的需要。**因为在这些应用程序下,中央处理器经常空闲**,等待输入或来自其他来源的数据。

例〔2〕

原文:In Europe, as elsewhere multi-media groups have been increasingly successful groups **which bring together** television, radio newspapers, magazines and publishing houses that work in relation to one another.

译文:在欧洲,和其他地方一样,多媒体集团愈发成功,**因为多媒体整合了电视、广播、杂志和出版集团等多种媒体**。

上述两句虽为定语从句,实则表达因果关系,翻译后译者可将其翻译为原因状语从句,更清晰地说明了前后语义关系。

例〔3〕

原文:An electric current starts to flow through a coil, **which is connected across a battery**.

译文:当线圈和电池接通时,电流便从线圈中流过。

例 [4]

原文：A substance **that is composed of two or more elements chemically united in a fixed proportion** is called a compound.

译文：如果由两种或两种以上元素通过化学方法、按照一定的比例结合而成，此物质可称为化合物。

原文的定语从句，实则表达条件关系，翻译后译者将定语从句转换为条件状语从句。

4.6　从名词修饰语的翻译看译文语言的标记性

标记（markedness）作为语言学概念，最早始于布拉格语言学派。特鲁别茨柯依（Trubetzkoy）和雅各布逊（Jakobson）提出了"标记性"（marked）和"无标记性"（unmarked）这组对立的概念。自此以后，标记性的概念被拓展应用到语义、句法和语用等多个方面。翻译研究中也不乏对译文标记性的关注，如林玉鹏（2002）分析了文学译作风格标记的要素指出，用标记概念对文学译作的风格进行界定的方法和意义。然而，总体而言，翻译教学和翻译实践中对译文语言标记性的关注尚显不足。本节从系统功能语言学的视角出发，基于语言的标记性理论，以名词修饰语的翻译为例，对比《大卫·科波菲尔》董秋斯和张谷若的两个译本，探讨译文语言的标记性特征及其对译文意义产生的影响。

标记性和无标记性的对立在语言的多个层面上均存在。功能视域下语言的标记性主要从"出现频率"和"常规选项"两个方面来衡量。以名词修饰语的翻译为例，可以从句法占位和结构容量两个方面探讨名词修饰语的翻译如何影响译文语言的标记性。

英语名词修饰语可分为前置修饰语和后置修饰语两种情况。前置修饰语可由一个词汇语法成分实现，也可由功能相等的多个并列成分实现。这些并列成分通常遵循一定的排列次序，一般表现为：限定性修饰语＋描述性修饰语＋分类性修饰语。后置修饰语是英语中极为常见的一种语言现象。能充当后置修饰语的功能成分有：形容词（短语）、介词短语、不定式短语、现在分词短语、过去分词短语、关系从句等。

从语言标记性的角度看，汉译文中修饰语的标记性与两个参数相关：句法占位和结构容量。从句法占位上看，静态形容词占据谓语位、动态形容词占据定语位是有标记的两种情况；从结构容量上看，前置修饰语的容量越大，语言的标记性越强。

4.6.1 名词修饰语的句法占位与译文语言的标记性

汉语的形容词有些偏向于名词具有较强的稳定性，有些则偏向于动词具有较强的变化性。张国宪（2006：2-3）根据形容词的情状，将其分为静态形容词和动态形容词。前者表现在其情状的时间结构是均质的，缺乏内在的自然起始点和终结点，是具有较强稳定性的形容词；后者表现在其情状的时间结构是异质的，可以有内在的自然起始点和终结点，是具有较强变化性的形容词。前者偏向于性质情状，通常出现在定语的位置上，以表示事物的属性，如"典型、豪华、滑稽"等；后者偏向于状态情状，经常出现在谓语的位置上，以表述事物的临时状态，如"通畅、迟钝、充沛"等（张国宪，2006：8）。从语言的标记理论上来看，违背这一对应关系的句法位占据是有标记的，如静态形容词在谓语位，动态形容词在定语位（同上：15）。因此，根据不同性质形容词的不同句法占位，其语言有标记和无标记之分。

此外，形容词在英汉两种语言中的地位和性质存在很大差异，此种差异在形容词的使用频率和使用类别上均有体现。Halliday（1994：214），Halliday & Matthiessen（2004：358-359，362）在多个场合阐述了此种观点：形容词在汉语中是谓词性的，能在小句中独立充当过程，可带有时体、时相标记，是动词的一个次类。相比之下，英语中的形容词却是体词性的，不能独立充当过程，而需要借助其他动词。正因为形容词在两种语言的地位不同，它们所出现的句法位置也存在差异。因此，翻译过程中，如果不能充分认识到这些差异，势必会造成译文形容词的误用，其中包括由于句法占位的颠倒，导致译文成为强标记性语言。

同样是指派特征，英语多用形容词做名词修饰语这一结构得以实现，而汉语多用形容词做谓语的关系过程小句得以实现。如：

例［1］

原文：…the turnkey swam before my **dimmed** eyes and my **beating** heart. (*David Copperfield*)

译文1：那个看守在我那**发暗的**眼睛和**跳动的**心前浮动起来了。（董秋斯译）

译文2：那时候，**我就眼里泪模糊，心里直扑腾**，那个狱吏就在我面前直晃摇。（张谷若译）

译文1直接对应原文语序，将 dimmed eyes 和 beating heart 译为"发暗的眼睛"和"跳动的心"。根据前文对汉语形容词情状的讨论，"发暗的"和"跳动的"属于偏向于动作变化的状态形容词，其无标记的句法占位为谓语位，因此译文1的处理使其译文语言具有较强的标记性。相比之下，译文2选用状态形容词"模糊"和动词"扑腾"放在谓语位，突出一种动态的描述，其调整更符合汉语的表达习惯，避免了译文1的标记性语言表达。又如：

例［2］

原文："So when she got a situation," said Mr. Omer, "to keep a **fractious** old lady company, they didn't very well agree, and she didn't stop." (*David Copperfield*)

译文1："所以当她得到一个陪伴一位**脾气不好**的老女人的位置时，"欧默先生说道，"她们相处得不大好，于是她不肯留下。"（董秋斯译）

译文2："所以，有一回，她找了个事由儿，"欧摩先生说，"给一个老太太作伴儿，那个老太太**爱闹个小脾气什么的**，所以她们两个就不大能合得来，她就把事儿辞了，不干了。"（张谷若译）

原文的粗体部分 fractious 用来修饰 old lady，董秋斯将其译为"脾气不好的"这一用主谓短语充当的复杂状态的形容词，并把它放在定语位。根据前文对形容词情状的分析，状态形容词放在定语位违背了其常规的句法占位，因而译文语言具有标记性。张谷若遵循一贯的用地道语言翻译的原则，将 fractious 译为"爱闹个小脾气什么的"，并置之于谓语位，用来说明话题成分"那个老太太"。这一处理使译文语言地道、生动，并在目标读者中具有较高的可接受度。

有时，一个语句中会出现多处并列名词修饰语。如下文：

例［3］

原文: But his **easy, spirited good humour**; his **genial** manner, his **handsome** looks, his **natural** gift **of adapting himself to whomsoever he pleased**, and **(of) making direct**, when he cared to do it, **to the main point of interest in anybody's heart**; bound her to him wholly in five minutes. (*David Copperfield*)

译文1：但是他那**随便的活泼的**好性格，他那**和蔼的**态度，他那**俊秀的**面貌，他那**应付所喜欢的任何人的**天才，以及当他高兴时**投合各人心中主要趣味的**天才，在五分钟内完全俘虏了她。（董秋斯译）

译文2：不过他的态度**那样从容**，精神**那样充畅**，性情**那样温蔼**，举止**那样和善**，仪容**那样秀美**，他的天性**那样善于对他所要讨好的人应合顺适**，**那样善于随其意之所欲，对人投其所好，深入人心**：所有这种种特点在五分钟的工夫里，就使坡勾提对他完全倾倒。（张谷若译）

例［3］中存在多处名词修饰语，译文1中形容词与原文的句法占位逐一对应，都充当定语位，"随便""活泼""和蔼""俊秀"可看作描述性质的静态形容词，句法占位并没有违背常规占位。张谷若选用的修饰语多为状态形容词，在小句中充当谓语。换言之，译文2通过形容词做属性的关系小句给参与者指派特征。这一处理使得译文及物性过程小句

97

的数目比原文增加，各个新增小句之间为并列关系，共同为描述"他"的特征而服务。

由于形容词在英汉两种语言中的性质和地位不同，英语形容词为名词性成分，引入参与者新属性时，常常用附加修饰语的方式，而汉语形容词为动词性成分，引入参与者新属性时，常常用附加谓语的方式。译文 2 的调整一方面与汉语形容词的动词属性相匹配，另一方面也符合汉语惯用流水句的编排方式。

郭锐（2002）研究证明，汉语中形容词用作谓语的功能比例多于用于修饰语的比例。形容词充当谓语可看作汉语附加参与者属性的无标记表达。译文 2 用地道的汉语翻译原文，对名词修饰语的处理恰恰是该理念的具体表现。译文 1 更多地强调译文语言与原文的一致，对英语形容词充当名词修饰语的功能也逐一保留，但是这种用法与形容词在汉语中的谓语属性相违背，译文具有标记性。

英语中还存在大量的后置修饰语，由于汉语中修饰语一般不可后置，译文或者将其变为前置修饰语，或者拆译并对语句结构重新进行调整。如：

例 [4]

原文：These evidences **of an incompatibility of temper** induced Miss Betsey to pay him off, and effect a separation by mutual consent. (*David Copperfield*)

译文 1：这些**脾气不投的**事实，使得贝西小姐给他一笔钱，双方同意分居了。（董秋斯译）

译文 2：显而易见，**他们两个脾气不投**；所以，贝萃小姐，没有法子，只得给了他一笔钱，算是双方同意，两下里分居。（张谷若译）

例 [4] 中后置的介词短语修饰前文中的 these evidences。译文 1 将后置修饰语变为前置修饰语"脾气不投的"，为标记性的句法占位。译文 2 对译文语句加以调整，将介词短语中的名物化成分 incompatibility

去名物化，译为相应的独立小句，从而避免了标记性语言的出现。这一调整也使得前后意义的组织更为自然，符合汉语流水句的表达习惯。

上述讨论表明，名词修饰语的句法占位与译文语言的标记性直接相关。静态修饰语对应定语位和状态修饰语对应谓语位是无标记的占位情况。同时，由于形容词在英汉两种语言的性质和地位不同，汉语惯用形容词充当谓语的表达。译者若忽视句法占位与语言标记性的关系，会造成语言标记的颠倒，进而影响译文在目的语语言规范下的可接受程度。

4.6.2 修饰语的结构容量与译文语言的标记性

一般认为，汉语是结构封闭型语言，结构式容量是影响句段长度的关键因素。同时，"修饰语+名词"结构是对容量非常敏感的结构式。由于英汉语的差异，给名词（词组）附加修饰语时，英语可采用关系从句、分词短语、介词短语等语法手段将修饰语置于被修饰成分之后；但汉语却没有关系代词和分词短语，通常也不允许介词短语后置。缺少后置手段的汉语只能在结构上向左扩展，因此对修饰语结构中的修饰语容量极为敏感，表现为所容纳的词汇数量有限（秦洪武，2010：74）。因此，汉语名词修饰语的结构容量与译文语言的标记性密切相关。一般而言，结构容量越大，语言的标记性也就越强。

英译汉后的译文，如果在名词的前面附加多个修饰语，此处理方式常常会扩增结构容量，增加译文读者的工作记忆负担，译文的可接受度由此降低。

例［1］

原文：Its **panelled** rooms, **discoloured with the dirt and smoke of a hundred years**, I dare say; its decaying floors and staircase; …are things, not of many years ago, in my mind, but of the present instant. (*David Copperfield*)

译文1：它那**被百年来（据我猜想）的垢污和烟气改变了颜色的镶板**房间，它那腐烂的地板和楼梯，……在我心中，不是多年以

前的事,乃是目前的事呢。(董秋斯译)

译文 2:它那几个安着墙板的屋子,我敢说,**都经过了一百年的尘涴烟熏,辨不出本来是什么颜色了**,它的地板和楼梯都朽烂了;……这种种光景,在我心里,并非像多年以前的事物那样,模糊渺茫,而是像就在目前一样,清晰分明。(张谷若译)

原文的 rooms 既有前置修饰语 decaying,又有后置修饰语 discoloured with the dirt and smoke of a hundred years。译文 1 同原文的结构保持亦步亦趋,将两者均译为前置修饰语,且其中还包括嵌入小句,结构容量较大,译文语言呈现强标记性。译文 2 将复杂的后置修饰语变为独立的完整小句"都经过了一百年的尘涴烟熏,辨不出本来是什么颜色了",用来说明前文的"屋子",避免了结构容量的扩增,符合汉语"话题+陈述"的惯用表达。

此外,结合上下文语境,原文结构清晰,为"参与者 1+参与者 2+参与者 n + are things in my mind"。一般说来,英语中结构简单的句子,若需添加更多语义,常常在各个成分上附加修饰语、嵌入小句、依附小句等成分。这样一来,参与者便成为更多信息的载体,用添加修饰语的方式增添新信息。

英语的结构简单、语义复杂的表述方式可看作是一种总括式扫描,整体框架突显,每一部分都在这个整体中占据一定的位置。相比之下,汉语的结构复杂、每个结构中语义简单的表述方式可看作是一种次第式扫描,整体框架不明显,叙述视角重点放在一个个独立的语义成分上。两种扫描方式,造成翻译中的复杂转换,译文 1 倾向于保持英语的总括式扫描,使得译文嵌入小句、复杂修饰语的使用频率激增,导致译文语言的标记性特征明显;而译文 2 则巧妙地进行了两种表述方式的转变,避免了强标记性语言的出现。

例 [2]

原文:…both these gifts inevitably attaching, as they believed, to all **unlucky** infants **of either gender, born towards the small hours**

第4章 经验意义翻译：翻译中及物性过程的选择

on a Friday night. (*David Copperfield*)

译文1：她们相信，这两种天赋是与**星期五夜半后一两点钟内降生的一切不幸的男女**婴儿分不开的。（董秋斯译）

译文2：她们相信，凡是**不幸生在星期五深更半夜的**孩子，**不论是姑娘还是小子**，都不可避免地要具有这两种天赋。（张谷若译）

infants 有三个修饰语成分，分别为 unlucky、of either gender 和 born towards the small hours on a Friday night。译文1将它们全部译为前置修饰语，使得译文中"婴儿"前面的修饰语容量极度扩增，属于强标记性的语言。译文2则巧妙地将各个修饰语重新排列，将名词"孩子"变为话题，将 of either gender 后置修饰语变为话题的说明成分，有效回避了修饰语容量过大的问题，避免了强标记性语言的出现。同时也使得前后意义的组织更为自然，语言整体上体现出散点透视状，符合汉语流水句的表达习惯。

例[3]

原文：I saw her, a most beautiful little creature, **with the cloudless blue eyes, that had looked into my childish heart**, turned laughingly upon **another** child **of Minnie's who was playing near her; with enough of wilfulness in her bright face** to justify what I had heard; **with much of the old capricious coyness lurking in it**; (*David Copperfield*)

译文1：我看见她了，一个最美丽的小人儿，生有曾经窥见我的内心的明朗的蓝眼睛，笑着转向**在她身边玩耍的敏妮的另一个孩**子；鲜艳的脸上带着**足以证实我所听说过的任性**神气；也潜伏着**旧日那种难于捉摸的**羞怯意味；（董秋斯译）

译文2：我瞧见她，腰肢袅娜，出落得极其漂亮，正用她那湛湛蔚蓝的两弯秋波——曾在我童年看到我内心的那两弯秋波——带着笑容，**往敏妮另一个孩子**那儿瞧，那孩子那时正在她近旁玩耍；她那娇艳焕发的脸上，**正含着一团任性之气**，足以证明我所听到的

101

话并非不实；正隐藏着**旧日那种喜怒无端、爱憎不时**的羞怯之态……（张谷若译）

原文中有四个并列的 with 引导的后置定语，用来描述爱弥丽当时的样貌和神态。由于它们结构上较为复杂，语义内容也丰富，若译为前置修饰语则为高标记度的语言，因此译者应灵活处理，避免结构容量大的强标记语言。译文 1 将"一个最美丽的小人儿"作为话题，后面跟有四个小句"生有……""带着……""潜伏着……""没有一处……"，逐一对爱弥丽的样貌和神态增加新信息。译文 2 的感情色彩更为饱满，a most beautiful little creature 译为"腰肢袅娜，出落得极其漂亮"，the cloudless blue eyes 译为"那湛湛蔚蓝的两弯秋波"。同时也用了四个小句"往……孩子那儿瞧""正含着一团任性之气""隐藏着……""只见……"，对爱弥丽进行描写。

胡显耀、曾佳（2009）提出汉语翻译小说中定语容量增加的观点。从语言标记性的角度看，修饰语容量的扩增导致译文语言具有强标记性，是现代汉语发生欧化的表现之一。

本节基于语言的标记理论，从修饰语的句法占位和结构容量两个方面说明译文语言标记性的强弱。翻译过程中，修饰语的句法占位和结构容量直接影响译文语言的标记性，静态修饰语占据谓语位，动态修饰语占据定语位，以及结构容量的扩增都会造成译文语言的强标记性。译者应对语言标记性加以了解，并在重构译文意义的过程中进行更为恰当的词汇语法选择，以更符合目的语的语言表达规范。

4.7　翻译练习

请将下列句子译为汉语。

（1）These metals are often heated to a temperature that is just above the upper critical temperature.

（2）He liked his sister, who was warm and pleasant, but did not like his brother, who was aloof and arrogant.

(3) Bluetooth is a wireless protocol for exchanging data over short distances between fixed and mobile devices, creating personal area networks (PANs).

(4) The internet is currently undergoing a similar phenomenon to the gold rushes of the early eighteenth century, specifically when it comes to data extraction.

(5) The modern term "deep learning" goes beyond the neuroscientific perspective on the current breed of machine learning models. It appeals to a more general principle of learning multiple levels of composition, which can be applied in machine learning frameworks that are not necessarily neurally inspired.

(6) Numerical control has allowed manufacturers to undertake the production of products that would not have been feasible from an economic perspective using manually controlled machine tolls and processes.

第 5 章　语态翻译：语态与主被动的灵活转换

5.1　英汉语态对比

除及物性过程外，语态（voice）也是体现经验意义的重要方面。小句表达经验意义时，有主动语态和被动语态之分。英语的主动被动形式区别明显，容易识别。相比之下，汉语的主动和被动之间不像英语一样呈现对立的态势，很多表达被动的意义，均可通过更自然的方式完成（刘晓林、王杨，2012：21）。例如，汉语用主动的"把"字句表达被动含义，以受事为话题，对受事加以说明。也有学者认为，严格意义上讲，汉语只有被动式，没有被动语态。同时，英语的被动句很多时候并不能够用汉语的"被"字句来表达，而汉语很多没有"被"字的用法却常常可以表达被动含义。汉语"被"字句通常具有的消极"遭受"义，如"他被偷了""他被淋了个落汤鸡"。英语被动句范围更为广泛，英语被动语态的使用数量往往多于汉语，被动语态本身并不关联消极"遭受"义。正因为英汉两种语言在语态上的非对称性，翻译时译者应谨慎对待。

5.2　英语被动语态的翻译

英语的被动语态使用普遍，科技语篇中的被动语态则更为常见。科技语篇大量使用被动语态以强调动作的承受者，保持叙述的客观性。前文已指出，汉语被字句使用较少，表示被动的形式，多采用"受""由""让""给""用""加以""为……所""是……的"或其他特殊句型（如"把"字句）来表达。翻译时译者可灵活加以选择。

英文科技语篇中的被动语态，通常有以下几种处理方法。

5.2.1　译为汉语被动句

例［1］

原文：In Britain **a survey** of travelers at airports and ports, which helps measure activity accounting for 20% of its trade in services, **was halted** in March.

译文：在英国，一项针对机场和港口游客的**调查**在3月**被叫停**，该调查可以帮助衡量占其服务贸易20%的经济活动。

资料来源：《经济学人：经济统计学——危机措施》，2020。

例［2］

原文：Industry experts said a wide variety of polices could pay out, but that **epidemics and pandemics were** often deliberately **excluded from cover**.

译文：行业专家表示，很多保单可能会获得赔付，但**流行病和疫情往往被有意排除在外**。

资料来源：《金融时报》，2020。

在上述两个例句中，原文都有被动语态，且主语对句子的含义十分重要，所以翻译时，保留"被"字，突出动作是被动发生的。

汉语的被字句常常表示消极的遭受义，英语的被动句翻译后不一定保留被字句，可用"受""为""用于"等加以对应。

例［3］

原文：The natural resonant frequency of a crystal **is influenced** somewhat by its operating temperature.

译文：晶体的固有振荡频率**受**温度**影响**。

例[4]

原文：This lens can be used to take pictures in various indoor and outdoor situations.

译文：此镜头可**用于**拍摄各种室内外场景。

例[5]

原文：Analog computing systems **are** frequently **used** to control processes such as those found in an oil refinery where flow and temperature measurements are important.

译文：模拟计算机系统常**用于**控制诸如炼油厂中的流量和温度测量过程。

原文同样为被动句，译文未采用被字句加以对应，而是选择"受""用于"等汉语特殊的被动句加以对应。

5.2.2 译为汉语无主句

当无须指明或者无法指明动作实施者时，英语的被动句可译为汉语的无主句。

例[1]

原文：With digital receivers, however, correlators or matched filters **are** usually **implemented**, and signal bandwidth is taken to be equal to noise bandwidth.

译文：若采用数字接收机，则通常**采用**相关器或匹配滤波器并使得信号带宽与噪声带宽相等。

例〔2〕

原文：The slide-rolling friction force between sliding tooth and cam's meshing profile of the spatial cam sliding tooth transmission **is substituted** for the sliding friction force and the rolling friction force.

资料来源：《新型空间凸轮活齿精密传动计算机辅助设计》。

译文：将空间凸轮活齿精密传动中活齿与凸轮啮合面之间的滑动摩擦力和滚动摩擦力**用**滑滚摩擦力**来代替**。

例〔3〕

原文：No withdrawals **are made**, and individual circumstances do not change.

译文：存期内**未发生**取款，并且客户个人财务状况未发生改变。

例〔4〕

原文：During the period of the term for an All-in-One Fixed Term Deposit, no partial withdrawals or deposits of additional funds **are permitted**.

译文：在定期一本通存款固定存期内，**不允许**部分提款或存入额外资金。

资料来源：《中国银行欧元定期一本通账户的产品摘要》，2020。

上述例句的英文原文均为被动表达，有的主语无法确定，有的主语在上下文语境中显而易见。此时，译者可选用汉语的无主句对应原文的被动句。

当被动者是无生命的主体且主动者不明显时，译者同样可采用译为无主句的方法。

例〔5〕

原文：The key steps in this approach are as follows: First, a

model of output growth **is estimated** as a function of current economic and financial conditions.

译文：该方法的关键步骤如下：首先，根据当前的经济和金融环境**估算**产出增长模型。

例［6］

原文：Second, this model **is used to** forecast conditional distributions of growth for different horizons.

译文：其次，**用**该模型预测出不同期间经济增长的条件分布。

资料来源：《全球金融稳定报告》，2018。

以上两个例子的被动者分别为 a model of output growth 和 this model，均为无生命的主体，且均未说明主动者，译文可用无主句加以对应。

例［7］

原文：Extreme care must be taken to the selection of algorithm in program design.

译文：在程序设计中必须注意算法的选择。

原文为科技语篇中常用的被动句，该句强调的并不是动作者"程序设计员"的重要性，而是突出"程序设计"本身的作用。译文未补充其逻辑主语"程序设计员"，选择无主句加以对应，译文更加简洁明确。

例［8］

原文：**The research of the process** in final carbon reduction efficiency, dephosphorization, decarburization, slag formation and blowing of top-bottom blowing converter **are summarized and explained**.

译文：**总结阐述了**改造后复吹转炉终点碳还原率、脱磷、脱碳、造渣和吹炼等各项工艺的研究。

资料来源：《冶金专业英语》，2008，156 页。

科技英语常用被动句来阐述自然现象和客观操作，注重客观事实，强调所述的事物本身，使读者的注意力集中在所叙述的客体上，无主句的翻译也能达到此种效果。例如：

例 [9]

原文：A flush pump **is used to** flush out the hole and bring the cuttings to the ground surface through the annular (circular) space between the bore hole and the drill pipe. Small diameter holes up to 30 cm **can be successfully drilled** in medium to hard soil by this method. After drilling the hole and taking samples of the cuttings (removed soil) at regular intervals the pipe assembly **is designed** for blank and perforated pipes. Specially designed perforated pipes **are known as** strainers. They **are designed** to allow water to come inside the hole and the soil **is prevented** to get inside it by their special shape.

译文：**用**冲洗泵将其冲出孔，并利用钻孔和钻管之间的环形（圆形）空间把切屑带到地面。用这种方法，可以成功地在中等硬或较硬的土壤中**钻出**直径30厘米的小直径孔。钻孔并以规则间隔对切屑（去除的土壤）取样之后，管组件**意在用于**空的多孔管，特别设计的多孔管**叫作**过滤器。过滤器的孔隙**仅允许**水流通过，但由于其形状特殊，**土壤无法通过**。

资料来源：*Basic Environmental Engineering*。

这是一段描述工程操作过程的文字，但是并未出现操作人，粗体部分都是使用的被动句式，以物体作为主语，而译文的无主句句式，体现出工程操作过程的严谨。

5.2.3 译为主动句

译者也可选择将被动句变主动句,把原文的宾语用作主语。如:

例[1]

原文:**New technology and new construction**, such as hydraulic coupling, dismountable scraper chain, pneumatic discharge gate valve and screw tensioning device with multi-spring buffer **are used**.

译文:**它采用**液力偶合器、可拆式刮板链条、气动卸料闸门,以及多弹簧缓冲的螺旋张紧装置等新技术和新结构。

此例介绍了一种新型的起重运输机械,原文被动句转换为主动句"它采用……",避免了汉语"被"字句的消极义。

例[2]

原文:Several approaches to the problem of ladle skull slag or deoxidation-scum removed were being tried.

译文:钢包熔渣结壳或脱氧浮渣清除问题的几项解决方案正在实验中。

本句为冶金翻译实例。英文原文为被动语态,其标志为 were being tried,但译者将其转换为主动表达。

例[3]

原文:The temperature of the liquid **is raised by** the application of heat.

译文:加热可以提高液体温度。

例[4]

原文:The high-antifriction properties of graphite and graphite-based materials **are governed by** the graphite-crystalline structure (the laminar structure).

译文：石墨的晶体结构（层状结构）**决定了**石墨及石墨系物质的高耐磨性。

原文的宾语为 the graphite-crystalline structure，翻译时选择将其作为主语，将原文的被动句变为主动句。

例［5］

原文：If a partial or total withdrawal from an All-in-One Fixed Term Deposit Account **is required** at maturity, written instructions must be received by us at least two Business Days before the maturity date.

译文：如果您在定期存款到期时需提取部分或全部存款，则须在存款到期日前至少两个工作日书面告知我行，以我行收到通知的时间为准。

例［6］

原文：On maturity, the All-in-One Fixed Term Deposit Account will automatically be rolled over for a further period of the same duration and a renewal confirmation will be forwarded to you, unless your written instructions to the contrary are received at least two Business Days prior to maturity.

译文：若**您**未在定期存款到期日前至少两个工作日书面告知我行您的取款需求，则您的定期存款将自动续存，自动续存的存期与原存款相同，**我行**会给您发送续存确认通知书。

资料来源：《中国银行欧元定期一本通账户的产品摘要》，2020。

例［5］、例［6］均把原文的被动句处理为汉语的主动句，并在译文明确指出主语"您""我行"等，译文更加礼貌，且符合行业规范。

5.3 翻译练习

请将下列句子译为汉语。

（1）The force of gravity acts vertically downwards and gives an object "weigh or heaviness".

（2）In the West, meditation is viewed as a strategy of self-regulation, with a particular focus on training one's attention.

（3）Certain merchandise categories were impacted by inflation higher than what we have experienced in recent years.

（4）Fibers can be tested by sending visible beams of light through them.

（5）In the East, meditation is usually practiced to cultivate calmness, concentration, and positive emotions.

（6）A continuity check can be made by observing whether any light emerges from the end of the fiber. Cracks or inhomogeneities in a bare fiber (one that is not inside a cable) can be located by observing the scattered light they produce.

第6章　逻辑意义翻译：依存关系和逻辑语义关系的重构与调整

　　语言的概念意义除经验意义以外，还包括逻辑意义。逻辑意义对应逻辑元功能（logical function），指语言所具备的反映两个或两个以上语言单位之间逻辑语义关系的功能（胡壮麟，2005：101）。Halliday（1994）从"相互依存"（interdependency）和"逻辑语义关系"（logical-semantic relation）两个角度探讨了语言的逻辑意义。

　　任何两个不同的语言单位之间都具有某种依赖关系，此种依赖关系便为"相互依存"。语言单位的依存关系主要分为两种：并列关系（parataxis）和主从关系（hypotaxis）。并列关系中，两个或两个以上的语言单位在逻辑和语义上地位相同，它们既可以出现在小句复合体（clause complex）中，也可以出现在词语复合体（word complex）中。主从关系中，两个或两个以上的语言单位在逻辑和语义上地位不同，一个语言单位比其他单位更加重要，是后者依存或依赖的对象。呈主从关系的多个语言单位中，处于主导地位的语言成分为"支配成分"（dominant element），处于从属地位的语言成分为"依附成分"（dependent element）。同样，主从关系既可以出现在小句复合体，也可以出现在词语复合体中。小句复合体中，处于主导地位的小句即为"支配小句"，也称"基本小句"；处于从属地位的小句即为"依附小句"，也称"次要小句"。

　　依存关系能够体现语言的逻辑意义。除此之外，逻辑语义关系也可以体现逻辑意义。Halliday（1994）将语言单位之间的逻辑语义关系概括为两大类：扩展（expansion）和投射（projection）。"扩展"，是指一个词或一个小句在语义上对另一个词或另一个小句进行扩充。扩展的具体方式有三种：详述（elaboration）、延伸（extension）和增强（enhancement）。换言之，一个词或一个小句在语义上对另一个词或另一个小句加以详述、延伸或增强。具体而言，详述关系中，小句通过进一步具体化或描述来阐发另一个小句的意义。扩展出的小句不是要引入新成分，而是通过重述、详细说明等，对已有成分进一步刻画（Halliday，1994：225）。延伸关系中，扩展出的小句是要引入新成分，小句通过添加新信息来延伸另一个小句的意义。增强关系中，小句通过增加"时间、地点、方式、原因、条件"等内容，限制另一个小句的意义，从而达到增强语义的目的（同上：230，232）。"投射"是指次要小句通过基本小句得到投射，使它变成言辞或思想。换言之，次要小句通过基本小句来进行投射，作为后者的言辞或思想。在扩展的各类具体方式中，增强扩展类的逻辑语义关系是翻译中变化较为明显的一种。

Halliday（1994）认为，传统的句子只是以句号来定义和识别的，不能从语法特征上区分单句和复句，实质上只是一个书写单位。依据系统功能语言学的思想，小句是最基本的分析单位。小句以上的单位应从"依存关系"和"逻辑语义关系"两方面加以分析。"依存关系"确定小句之间是并列关系还是主从关系；"逻辑语义关系"确定小句之间的语义关系是扩展还是投射，是扩展中的详述、延伸还是增强。

语言的逻辑意义通过"相互依存"和"逻辑语义关系"两个维度加以体现，两者互相作用，为译者提供了分析小句复合体和小句中的各种语言单位复杂关系的有效工具。

6.1　小句复合体依存关系的调整：并列和主从的切换

6.1.1　英汉翻译：主从关系变并列关系

意义再生过程中，语言单位之间的依存关系变化则相对突出。英汉翻译中，随着英语非定式小句在汉译文中变为定式小句，小句复合体常常由主从关系变为并列关系。

第6章 逻辑意义翻译：依存关系和逻辑语义关系的重构与调整

为了使得叙述简单明快，专业英语会应用大量的非谓语动词包括过去分词、现在分词、动名词和动词不定式。这样能够使句子结构严谨，逻辑性强，但同时也给译者的理解和表达增加了难度。应厘清脉络，分清句子结构，才能准确翻译。

例[1]

原文：Virtual humans and fashion shows, unbounded by time and space in the way a physical event would be, offer myriad benefits to the fashion industry, bringing to audiences a fresh, immersive and interactive experience.

译文：虚拟模特和虚拟时装秀不像实体时装秀那样受时间和空间的限制，为时尚产业带来了巨大好处，给观众带来全新的沉浸式互动体验。

原文的支配小句为 Virtual humans and fashion shows offer myriad benefits…，依附小句为 bringing to audiences…，译文将其转换为语法地位相同的三个并列小句。

例[2]

原文：There are many ways to conserve water in daily basis, **most of which** are simple and non-expensive, **minimizing** significant amounts of water, **resulting** positive in the sustainability of water resources and in our home-finance, such as continuous checking for possible leaks in faucets and pipes, minimizing the use of toilet's flush, smart using of faucet and planting drought-resistance lawn etc.

译文：日常生活中有许多节水方法，多数简单易行、价格亲民、效果卓著，可以减少家庭财政支出，促进水资源可持续性发展，如经常检查水龙头和可能漏水的管道、少用抽水马桶、巧用水龙头、种植抗旱草坪等。

资料来源：*Journal of Environmental Science and Engineering*，2015。

原文为主从关系小句复合体，支配小句为 There are many ways to conserve water in daily basis，依附小句有三个，依次为 most of which are …，minimizing significant amounts of water 以及 resulting positive …。译文将上述依附小句转换为语法地位相同的并列小句。

例［3］

原文：The primary hydraulic system of a friction welding machine was reconstructed **by using** the proportional relief valve and the new 8-bit microcontroller P89C51RD2 of PHILIPS company. The pressure is controlled in closed loop for this system, **which guarantees** the stability of pressure parameter in friction welding, and makes it easy to adjust the pressure.

译文：采用电液比例溢流阀以及PHILIPS公司的新型高性能8位单片机P89C51RD2，对原有摩擦焊机液压系统进行改造，实现了压力的闭环控制，使摩擦焊接过程压力参数稳定、调节方便。

资料来源：《机床与液压》，2006年06期。

翻译过程中译者调整了小句复合体的依存关系，原文的主从关系变为译文的并列关系。

例［4］

原文：Single degree of freedom gear is used to limit double degree of freedom differential gear mechanism's two basic components, realizing to transmit the torque efficiently.

译文：用单自由度齿轮传动去封双自由度差动齿轮传动机构的两个基本构件，可实现高效率地传递大转矩。

资料来源：《现代机械》，2004年01期。

例［5］

原文：As the iron breathes, softening from its merciless hardness, it falls into fruitful and beneficent dust, **gathering itself again into** the earths from which we feed and the stones with which we build, **into the rocks** that frame the mountains **and the sands** that bound the sea.

译文：铁一面呼吸空气，一面由铁矿石般坚硬变得松软，**成为**肥沃富饶的有益的尘土，进而**成为**我们赖以获取食物的土壤，**成为**我们用以建造房屋的石头，成为构成山脉骨架的岩石，成为环绕大海的沙滩。

资料来源：《冶金专业英语》，2008，141页。

此例为小句复合体的主从关系变为并列关系的翻译实例。原文的支配小句为 it falls into fruitful and beneficent dust，依附小句有 As the iron breathes，以及 gathering itself again into…，into… 等。翻译后译者把它们译为并列小句，介绍铁矿石的演变形态都用"成为"作为谓语，使并列的成分有排比之势，句式工整，语气增强。

6.1.2 汉英翻译：并列关系变主从关系

上文讨论了英汉翻译过程中小句复合体的依存关系翻译后由主从变为并列。反之，汉译英过程中小句复合体的依存关系也常常由并列变主从，使得英译文更符合英语经验意义的识解方式。

例［1］
原文：她接过那粒子弹，装进了弹槽儿，然后，熟练地把弹槽滚儿转了转，对着他走了过去。
译文：Upon receiving the bullet, she pushed it into the magazine and rotated it expertly before walking towards him.

原文包含四个小句，语法上呈现并列关系，符合汉语流水句的经验式意义组织模式。翻译时应充分认识到汉语和英语在表达经验意义方式上的差异，尊重英语形合的语言特点，确定支配小句（主要小句）she pushed it into the magazine and rotated it expertly，其他部分用小句片段介词结构加以呈现 Upon receiving the bullet 和 before walking towards him，充当译文的依附小句。原文小句复合体的依存关系变为英语的主从关系，符合英语识解经验意义的方式。

例［2］
　　原文：经济发展进入新常态，精神面貌要有新状态。
　　译文：China's economic development has entered a new normal, meaning we must adopt a new mindset.

原文两个小句为并列关系，翻译后译者将其转换为主从关系，支配小句为 China's economic development has entered a new normal，依附小句为 meaning we must adopt a new mindset。

例［3］
　　原文：在漫长的历史进程中，①中国人民依靠自己的勤劳、勇敢、智慧，②开创了个民族和睦共处的美好家园，③培育了历久弥新的优秀文化。
　　译文：During the long history the Chinese people have worked with diligence, bravery and wisdom, creating a beautiful homeland where all ethnic groups live in harmony and developing a great and dynamic culture.

原文共包含三个小句①②③，三者呈并列关系并构成小句复合体，各个小句铺陈列开，符合汉语流水句的特点。译文只保留一个支配小句 the Chinese people have worked with diligence, bravery and wisdom，另外两个充当依附小句 creating a beautiful homeland 和 developing a great and dynamic culture，与支配小句呈现主从关系。

例 [4]

原文：①希望广大留学人员继承和发扬留学报国的光荣传统，②做爱国主义的坚守者和传播者，③秉承"先天下之忧而忧，后天下之乐而乐"的人生理想，④始终把国家富强、民族振兴、人民幸福作为努力志向，⑤自觉使个人成功的果实结在爱国主义这棵常青树上。

译文：I hope that you will carry forward the glorious tradition of studying hard to serve the country and be defenders and messengers of patriotism, always bearing in mind the ideal of "being the first to worry about the affairs of the state and the last to enjoy oneself," always taking the well-being of the country, the nation and the people as the goal of your endeavors, and willingly associating the fruits of personal success with the evergreen tree of patriotism.

原文为呈并列关系的小句复合体，共包含五个小句，此并列式表述符合汉语流水句的特点，小句依次铺陈列开，语言呈现流动性。相比汉语，英语语言更多呈现空间架构性。译者选定一个支配小句 I hope that you will carry forward the glorious tradition of…，同时选择其他三个非定式小句 always bearing in mind…，always taking… 和 willingly associating… 充当依附小句，即从语法关系来看，均依附于支配小句上。译者将英文小句复合体的并列关系转换为汉语的主从关系，意义重构时应更符合目的语语言规范。

6.2 逻辑语义关系的显化

增强扩展类的逻辑语义关系是翻译中变化较为明显的一种。翻译中常见的逻辑关系主要包括因果关系、条件关系和先后（时间、顺序）关系。逻辑语义作为科技文本的重要特征，注重逻辑在科技文本翻译当中的应用，对于准确地理解原文、提高译文质量至关重要。

6.2.1 显化因果关系

例［1］

原文：The result of the innovative design is that the casting device is much smaller, works more smoothly, and has fewer moving parts.

译文：**由于**在设计方面的革新，压铸设备变得小多了，工作得更平稳了，活动部件也少了。

资料来源：《大学专业英语·材料英语》，2000，43页。

例［2］

原文：Superconductivity, with its ability to generate an intense, large-volume magnetic field economically, can now offer alternatives in the fields of energy generation, storage and distribution as well as in transportation.

译文：超导**由于**能够更经济地产生高强度大容量磁场的能力，现可在电能的生产、储存与分配以及运输等方面提供新的途径。

分析原文的逻辑，介词短语表达的实为原因，译者将因果关系显化，译文的逻辑语义更为清晰。

例［3］

原文：Unfortunately, open-loop control systems lack accuracy and versatility and can be used in none but the simplest types of applications.

译文：不幸的是，除了个别简单的应用环境外，**由于**精确度和多功能性低下，开环控制系统几乎没有用武之地。

资料来源：《机械设计制造及其自动化专业英语（第2版）》。

第6章 逻辑意义翻译：依存关系和逻辑语义关系的重构与调整

译者将原文的陈述句改译为"由于……"的句式，成为原因状语从句，将原文的因果关系显化。

6.2.2 显化条件关系

例［1］

原文：Aluminum, though much less strong than steel, can be given a strength approaching that of steel when it is alloyed with small quantities of copper, manganese and magnesium, and subjected to heat treatment processes.

译文：虽然铝的硬度不及钢，但是如果铝与少量的铜、锰和镁制成合金，并经过热处理后，其硬度可以接近钢。

资料来源：《逻辑分析在科技文章翻译中的应用》。

铝的硬度不如钢的硬度。原文指出，铝与少量的铜、锰和镁制成的合金经过热处理后，硬度可以接近钢。因此，铝的硬度接近钢是有一定前提条件的，翻译时译者把其中的条件结果关系加以显化，译文的逻辑关系更为清晰。

例［2］

原文：Alloyed with tin, copper forms a series of alloys which are known as bronze.

译文：如果将铜与锡熔合，便可形成一种叫做青铜的合金。

资料来源：《材料专业译写教程》，2001，8页。

原文 Alloyed with tin 为省略了的条件关系，若补充完整则为 If it is alloyed with tin，翻译时将该逻辑语义关系显化，译为"如果将铜与锡熔合"，便于译文读者理解。

6.2.3 显化并列关系

例 [1]

原文: Gil Pratt, an electrical engineer and computer scientist who runs the Leg Lab at the Massachusetts Institute of Technology (MIT), describes his motivation as twofold: to build a robot to do housework for him and to understand the mechanisms of control, balance, and locomotion in animals and insects.

译文: 掌管麻省理工学院Leg实验室的电气工程师和计算机科学家吉尔普拉特描述了他的双重动机: **一是**研制一种机器人为他做家务; **二是**了解动物和昆虫的控制机理、平衡机理和运动机理。

翻译中译者添加了"一是""二是",将原文并列的逻辑语义关系加以显化,译文的逻辑关系更为清晰。

例 [2]

原文: Both steel iron and cast iron have the structures of eutectoid, hypoeutectoid and hypereutectoid.

译文: 钢和铸铁都有共析、亚共析和过共析**这三种**组织。

例 [3]

原文: Ductile irons are manufactured by melting, inoculation, spheroidization and pouring.

译文: 球墨铸铁是经过熔化铁水、孕育处理、球化处理和浇筑等**四道工序**制造出来的。

上述两例中,译者增添了"三种"和"四道",更明确了"三种组织"以及"四道工序"各自内容之间的并列关系。

例 [4]

原文：A critical and important consideration is whether the new IEEE.802.16 standard should be compatible with the existing 3GPP LTE standards, supplant the existing standards, or simultaneously coexist with the existing standards.

译文：一个关键而重要的问题是IEEE.802.16标准是否与现有的3GPP LTE标准相兼容，**或者**取而代之，**或者**与之共存。

资料来源：孙桂芝、赵志信《电子信息与通信工程专业英语》，2013。

例 [4] 中，译者两处"或者"的使用，突显了选择并列关系，逻辑语义更为清晰。

6.2.4 显化类属关系

当描述的内容比较宽泛、概括、笼统的词语时，一般应增加范畴词，显化类属关系。

例 [1]

原文：In general, all the metals are good conductors, with silver the best and copper the second.

译文：一般来说，金属都是良导体，**其中**以银为最好，铜次之。

资料来源：《科技英语特点及其翻译》。

译者添加了"其中"表示原语篇中金属与银、铜之间的类属关系，逻辑更加通顺。

例 [2]

原文：Draft and invoice are different instruments.

译文：汇票和发票是**两种**不同的票据。

上例的译文增添了"两种",显化了"汇票和发票"与"票据"的类属关系。

6.3 逻辑语义顺序的调整

汉语逻辑语义关系的构建方式与英语存在差异。一般而言,汉语倾向于先原因、后结果,先条件、后结果,先背景、后评论/说明,可见,汉语逻辑语义更多的是按照事物或事件的自然逻辑顺序。如果英语的逻辑语义顺序与此相反,译者翻译时常常要进行调整。

6.3.1 英文先结果后原因,汉语先原因后结果

例[1]

原文:There is nothing inherently unethical about web scraping as it automates activities that people often do on a manual basis.

译文:网页数据抓取把通常需要手动操作的活动自动化了,因而并非不道德。

原文是先果(There is nothing inherently unethical...)后因(as it automates activities...),译文是先因(网页数据抓取把……)后果(因而并非不道德),符合汉语因果关系表达的习惯。

例[2]

原文:The aesthetics of drinking water are important **since** consumers will link the appearance, taste, and odor of the water to its safety.

译文:**由于**消费者会将水的外观、口感及气味与其安全性联系起来,**因此**饮用水的外在观感也很重要。

资料来源:*Environmental Engineering* 第六版第二章。

第6章　逻辑意义翻译：依存关系和逻辑语义关系的重构与调整

汉语强调前后顺序，前因后果，译者做出调整，先陈述原因（由于……），符合汉语逻辑语义关系的表达习惯。

例［3］

原文：Obviously, the size of the display will directly affect resolution. The same pixel resolution will be sharper on a smaller monitor and fuzzier on a larger monitor because the same number of pixels is being spread out over a larger number of inches.

译文：显然，显示器的大小将直接影响分辨率。相同像素的分辨率在较小的显示器上比较清晰，而在较大的显示器上，因为相同数量的像素要在更大尺度范围分布，则会比较模糊。

资料来源：《计算机英语》，2011，23页。

考虑到汉语先因后果的语言习惯，译者调整语序，先陈述原因小句（因为相同数量的像素……），再陈述结果小句（则会比较模糊）。

例［4］

原文：There are not many welding processes from which to choose a process for repair welding of tools because it should be taken into account that the welding position used may be different.

译文：因考虑到焊接位置的差异，可用于工具修复的焊接工艺并不太多。

将原文的行文顺序略加调换，前因后果，更符合汉语的逻辑语义顺序。

例［5］

原文：The boundary conditions of the balls, inner and outer rings of the ball bearing are difficult to define since the working condition of the ball bearing is highly complex.

译文：由于滚珠轴承的受力情况比较复杂，导致了轴承内外圈的边界条件及轴承滚珠的受力情况难以确定。

原文为先果后因，译文同样选择先因后果。此外，本例中 the working condition 原指"工作条件"，此处应根据语境将宽泛的"工作条件"具体化。滚珠轴承，又称球轴承，是滚动轴承的一种，将球形合金钢珠安装在内钢圈和外钢圈的中间，以滚动方式来降低动力传递过程中的摩擦力，并提高机械动力的传递效率。滚珠轴承不能承受较大的重载荷，在轻工业机械中较常见。滚珠轴承的工作条件正是动力传递过程，因此可将 the working condition 具体化译为"受力情况"。

6.3.2 英文先结果后条件，汉语先条件后结果

条件结果句中，英文的行文习惯通常是先结果后条件，汉语则常常是先条件后结果。译者重构译文时也应据此加以调整。

例 [1]

原文：Vibration can lead to disintegration, for example, if heavily loaded studs are threaded into soft alloy, or friable plastics.

译文 1：震动会导致解体，比如说，如果承重的螺栓拧进硬度不高的合金或易碎的塑料中时。

译文 2：比如说，如果承重的螺栓拧进硬度不高的合金或易碎的塑料中时，震动会导致解体

改译：震动会导致解体。比如说，如果承重的螺栓拧进硬度不高的合金或易碎的塑料中时，便会发生此种情况。

本例意义表达的重点是"震动会导致解体"，后面的小句是指出的一个例证。若选用译文 1，则不符合汉语中"条件在前，结果在后"的表述习惯；若选用译文 2，整句表达更像是在举例说明某种现象，与原文的意义有出入。因此，译者可在译文 1 的后面再次重复本句的表意重点，

第6章 逻辑意义翻译：依存关系和逻辑语义关系的重构与调整

添加"便会发生此种情况"。译文层次分明，重点突出，逻辑语义顺序符合汉语的语言习惯。

例［2］

原文：Partial shipments are allowed, unless the credit specially states otherwise.

译文：除非信用证另有特殊规定，才可以分批装运。

例［3］

原文：Some research has found correlations between learners' ability to articulate knowledge about language with their ability to use that knowledge in specific tests or with their general proficiency, although clear, linear relations between declarative knowledge and more automatised use of that knowledge are not consistent.

译文：一些研究发现，尽管陈述性知识和更自如地使用该知识之间的清晰线性关系并不一致，学习者清晰表达语言知识的能力与他们在具体测试中使用该知识的能力，或与他们的熟练程度之间存在相关性。

例［4］

原文：Overall social welfare could actually be larger if lagging regions were given help to create their own virtuous cycles of growing agglomeration economies, rather than be depopulated through population shifts to leading regions.

译文：如果能够**帮助**落后地区创建发展聚集经济的良性循环，而不是以向先进地区进行人口迁移的方式将落后地区变成无人区，那么总体社会福利实际上可能会增长。

资料来源：《世界经济展望》，2019，55页。

例［2］—［4］的英语原文均为结果在前，条件在后，译者根据汉语逻辑语义顺序的一般规律，译文选择条件在前，结果在后。

例［5］

原文：Thus, depending on the final size required, there are a series of crushing operations using primary, secondary and tertiary crushers, **with a final grinding or milling operation** if a very fine particle size is required, e.g. 6mm for sintering or less for froth flotation separation or pelletizing.

译文：因此，根据所需的最终粒度，需要利用一级、二级和三级粉碎机进行一系列粉碎操作，如果需要达到非常精细的粒度，则需进行最后的研磨，如进行烧结处理需要粒度达到6mm，泡沫浮选分离或微粒化时需要粒度应少于6mm。

本句翻译的难点在于逻辑语义顺序的调整。叙述粉碎操作时，根据汉语的习惯，一般为先条件后结果，但此处若完全对照原文翻译，译为被动句"如果非常精细的粒度是所需的"，不符合汉语的表达习惯，可改为无主条件句，并增加"达到"一词使句子更顺畅。

6.3.3 英文先评论后事实，汉语先事实后评论

事实评论句中，英文往往先评论后事实，汉语先事实后评论，译者可根据情况调整逻辑语义顺序。

例［1］

原文：That's surprising in view of research showing that employees are more confident about bringing up problems when peers share their perspective.

译文：研究表明，同事分享个人看法时，员工们会更有信心提出问题，这令人感到惊讶。

第6章 逻辑意义翻译：依存关系和逻辑语义关系的重构与调整

英语中的事实为 employees are more confident about bringing up problems when peers share their perspective，评论内容为 That's surprising，评论在前，事实在后；译文将事实置前，评论置后，符合汉语先事实后评论的逻辑语义顺序。

例〔2〕

原文：Given Mr. Musk's desire to change the future, **it is hardly surprising** to see him using the powers he is accruing to intervene in the present, too.

译文：鉴于马斯克有强烈的意愿改变未来，他会利用自己逐渐积累的力量来同样干预"现在"也就**不足为奇**了。

例〔2〕先进行评论 it is hardly surprising 再跟评论的事实 to see him using the powers he is accruing to intervene in the present，译文则调整了逻辑语义顺序，先陈述事实"他会利用自己逐渐积累的力量来同样干预'现在'"，再进行评论"不足为奇"。

例〔3〕

原文：我如今年过80，还没接触过易经，说来惭愧。（梁实秋《时间即生命》）

译文：I feel ashamed to admit that I have not even touched Yi though I am now over 80.

原文中的事实是"我如今年过80，还没接触过易经"，评论部分为"说来惭愧"。但翻译为英语后，常把评论置前，事实置后：I feel ashamed 为评论，置于前面，I have not even touched Yi though I am now over 80 为事实，置于后面。

129

6.4　长难句的翻译：树型语言和竹型语言的转换

英汉对比研究发现，英语和汉语的句子结构呈现不同的特点。英语句子以主谓为核心，突出语法关系，以语法统摄句子的其他成分，句子结构严密复杂、主次分明；而汉语句子以意义为核心，以逻辑事理的先后为序，横向铺叙，层层推进，句子结构较为松散，常以流水句或短句的形式加以呈现。用形象的语言来描述，英语可看作"树型结构语言"（简称树型语言），汉语可看作"竹型结构语言"（简称竹型语言）。英语的树型语言重"形合"，汉语的竹型语言重"意合"，此两种语言结构的差异决定了翻译过程中，应进行必要的调整和转换，以符合目的语的表达规范。

汉语界前辈吕叔湘先生曾指出，汉语口语多流水句，一个小句接一个小句，很多地方可断可连。胡明杨对流水句做了进一步研究，指出除汉语口语外，文学语言中也有很多流水句。时间顺序是汉语安排动词的基本规律。由于英语句子是树型结构，句子成分叠床架屋，层层叠叠，形成立体的空间构架。相比之下，汉语往往则不存在一个主干结构，它由一系列非独立小句连接而成的，整个复句呈现出平面线性延伸。尽管小句疏散铺排，但整个复句并非杂乱无章，而是贯通一气，形散而神不散。树型语言结构和竹型语言结构的转换是英汉/汉英翻译中的难点。

6.4.1　英汉翻译：树型语言变竹型语言

以科技文本中的翻译为例。因科技文本的科学性和技术性要求叙述准确、推理严密，因此，为了表达时间、条件、原因、目的和对比等关系，常采用各种从句或介词短语和非限定小句等，进而构成结构较复杂的长句。科技英语长句犹如"参天大树，枝叶横生"，句子主干可添加众多附加成分，如：介词短语、定语从句、同位语、动名词、插入语等。它们通过一定的语法规则与句子主干结合，句子显得冗长而复杂。然而，

第6章 逻辑意义翻译：依存关系和逻辑语义关系的重构与调整

这些长句却具有严密、细致、逻辑性强的树型语言特点，能够准确地表达复杂内容。翻译科技英语长句时，须准确理解原文，梳理句子结构。同时也要注意英汉两种语言的差异，将英语的树型结构与汉语的竹型结构加以转换。既要从英汉差异出发，处理好句子的结构形式，又要顾及科技文本的专业特征，保留严密、紧凑的特点。

前文4.4.2节中已指出，语言的概念功能用来识解外在世界和内在世界的人类经验。它有两种实现模式：经验模式和逻辑模式。经验模式指用意义配置的方式建构人类经验，意义配置中每个成分有不同的功能。小句核心通过增加成分的方式加以扩展，形成结构上的配置。逻辑模式指用序列的方式建构人类经验，意义序列中每个成分有相同的功能，它们之间存在一定的逻辑语义关系。小句核心通过增加序列的方式扩展，形成小句复合体（Matthiessen et al., 2010：92，132；Matthiessen, 2004：578）。不同语言建构世界经验时如何在两种模式之间分工，存在较大差异。就英汉两种语言而言，英语的语言系统倾向选择经验模式扩展小句核心，而汉语则倾向选择逻辑模式扩展小句核心。这种选择也导致了不同的语言结构，前者对应单核心语言结构，后者对应多核心语言结构（参见Caffarel et al., 2004：29；Martin, 1992：13，21，22；Martin et al., 2010：164）。英语作为树型语言为单核心语言结构，树干正是核心；汉语作为竹型语言为多核心语言结构，每个竹节都可看作核心，流水句便是多核心语言结构的典型体现。这两种表达经验意义的模式差异，在翻译中体现得非常明显。译者应该认识到，英语用经验方式识解的意义，汉语常用逻辑方式重新加以体现。

例［1］

原文：They saw a slender man of more than average height with gleaming eyes and face so striking that it bordered on the beautiful.

译文：他们看到一位身材修长的人，个头略高，目光有神，面庞俊朗，称得上是美男子。

原文为呈树状结构的英语句子，核心小句为They saw a slender

man，其他成分均依附于该小句上的枝节成分，呈现出英语叠床架屋的空间结构；翻译后，则依据汉语层层铺陈流水句的特点，选用多个谓语小句"个头略高""目光有神""面庞俊朗"等加以对应。

例［2］

原文：This modern society is characterized by overconsumption and excessive production resulting in a flood of convenient, disposable, throw-away products made out of plastic that release greenhouse gases and toxins, both during production and when disposed-off.

译文：现代社会的特点是过度消费和过度生产，产生了大量方便的、一次性、用完即扔的塑料制品。这些塑料制品在生产过程中和废弃处理时都会释放温室气体和毒素。

英语原文的表达有主干有枝节，树型语言特点突出。句子的核心主干为This modern society is characterized by overconsumption and excessive production，后文resulting in a flood of convenient, disposable, throw-away products可看作overconsumption and excessive production的后置定语，made out of plastic that release greenhouse gases and toxins用来修饰先行词products，both during production and when disposed-off用来限定修饰release。译为汉语后，用竹节小句逐一论述，先陈述"现代社会的特点是过度消费和过度生产"，继而指出其带来的后果"产生了大量方便的、一次性、用完即扔的塑料制品"。随后另起一句，阐述塑料制品所带来的危害，即"在生产过程中和废弃处理时都会释放温室气体和毒素"。译文小句之间呈现竹节小句的并列关系，符合目的语的语言表达规范。

例［3］

原文：The bed is usually made of well normalized or aged gray or nodular cast iron and provides heavy, rigid frame on which all the other basic components are mounted.

第6章 逻辑意义翻译：依存关系和逻辑语义关系的重构与调整

译文：车床床身通常由经过充分正火处理或时效处理的灰铸铁、球墨铁制成，结构坚固，刚度较高，可以承载各个基本部件的全部质量。

本例为机械英语翻译实例。可以看到，英文原文的树形结构明显，但是在翻译过程中，应该把英语上形式明显的树型结构转化为依靠"意义"推动的竹型结构。原文的树型结构包括主干 The bed is usually made of A and provides B 和两个分支，分别为 well normalized or aged gray or nodular cast iron 和 heavy, rigid frame，其中 frame 还有进一步的分支修饰语 on which all the other basic components are mounted。翻译时可将原文英语拆解为以下部分："车床床身通常由经过充分正火处理或时效处理的灰铸铁、球墨铁制成""车床床身提供了结构坚固、刚度较高的框架""各个基本部件的全部安装在床身上"。三者都是对车床床身的描述，因此可以将床身作为主语，重新组织句子。

把长句中的从句或短语化为若干小句，分开叙述，有时还可增加适当词语以保持语义连贯性。

例［4］

原文：Matte smelting is usually carried out on concentrate which has been roasted to reduce its Sulphur content to such a level that, when it is smelted with a suitable flux, a high-grade matte will be produced along with a slag containing most of the gangue materials.

译文：冰铜熔炼通常针对精矿进行。精矿已经经过焙烧，把其硫含量减少到相仿的程度；一旦用适宜的溶剂熔化，便能生产出高品位的冰铜以及包含绝大部分脉石物料的炉渣。

原文句子的主干为Matte smelting is usually carried out on concentrate，其余成分均为该主干上分出去的枝节，which has been roasted to reduce its Sulphur content to such a level that是对concentrate（精矿）的说明，when it is smelted with a suitable flux中的it同样指代的是"精矿"，因而此处仍可

看作对主干部分内容的说明。译文将原文长句拆为五个小句，分别加以叙述，符合汉语流水句的表达习惯。

例〔5〕

原文：①With the proper heat treatment internal stresses may be removed, ②grain size reduced, ③toughness increased, ④or a hard surface produced on a ductile interior.

译文：①采用合适的热处理工艺，可以消除零件的内应力，②细化晶粒，③增加韧性，④或使工件表面坚硬而内部产生塑性。

原文实质上为省略的并列句，小句①为 internal stresses may be removed, ②、③、④句分别在 grain size、toughness、surface 后省略了 may be。由于被字句在汉语中常有消极的遭受义，翻译时采用汉语的动宾结构，将原文的被动语态译为主动形式。同时，介词短语 With the proper heat treatment 也转换为主要小句，译文共有五个小句，构成了汉语的流水句。

机械工程英语中，使用了大量的修饰词和从句，以求表述的严谨准确，但往往使得句子成分复杂。翻译时常使用拆译法，将长句拆分成独立的短句，树型结构拆分为竹型结构。

例〔6〕

原文：When the plant layout is based on the group technology principles, i.e., dividing the plant into cells, each consisting of a group of different machine tools and wholly devoted to the production of a family of parts, material handling is more efficient because of the minimal routing paths of parts between machine tools achieved in this case.

译文：基于成组技术原理规划工厂布局，即把工厂分为单元，每个单元由一组用于生产同一族零件的各种机床组成，因为此种情形下零件在机床间的移动路径最短，此时原材料的传送更加高效。

资料来源：《机械工程英语》。

第6章　逻辑意义翻译：依存关系和逻辑语义关系的重构与调整

此处翻译采用了拆分法。译者可选用竹节句（流水句）横向铺叠，译文更符合目的语读者的习惯，且忠实再现了原文意义。

按英语句子的语序把英语长句化整为零，在原句的连接处，将长句断开译为汉语分句或句子。

例［7］

原文：①Separating each critical portion of mother-board into regions②where each region operates in a same or similar frequency range③to avoid cross talk and frequency interference between each region's operations and conditions.

译文：把主板上每个关键部分分为多区，每区以相同或相近的频率进行操作，以避免每个区的操作和环境之间产生道间串扰和频率干扰。

原句包含定语从句 where each region…and conditions 修饰先行词 regions。句子较长，译为汉语后，把全句拆分为三个小句，看起来一目了然，意义明确。

英语中大量结构复杂、成分众多的长句，翻译时同样需要树型语言和竹型语言的调整。例如：

例［8］

原文：While, the third tier, mechanical cooling, is mandatory **when** the above two tiers are not sufficient to maintain thermal comfort **which** is the case of residential units in Bahrain and all the other buildings.

译文：然而，对巴林岛的住宅单元及其他建筑而言，若以上两种方式均不足以维持热舒适时，第三种方式即机械降温必不可少。

资料来源：*Journal of Environmental Science and Engineering*，2015。

原文中包含同位语短语以及 when 和 which 引导的依附小句。英语呈现树型语言结构的特点，随处可插入从句或短语充当枝节。翻译时要理清原文的逻辑关系，依据汉语的语言规范加以调整，呈现竹型语言特点，以求译文表意清晰、表达顺畅。

例〔9〕

原文：A beautifully situated park on the lake's shore provides a perfect spot to savor an ice cream while watching the boats darting about on the bay or the exciting arrival of the famous Mount Washington as she docks nearby.

译文：公园坐落在湖边，风光秀丽。在这里，可一边品尝冰激凌，一边观赏湖湾里的游艇飞快地穿梭往来；著名的华盛顿游轮在附近码头靠岸时，也能看到刚抵达的兴奋游客。

原文是典型的树型语言结构，句子的主干为 a park provides a spot，其他均为附着在该主干上的枝节成分。park 有前后两处修饰语 beautifully situated 和 on the lake's shore，翻译中可选用竹型语言的小句（竹节句）加以对应，译为"坐落在湖边"和"风光秀丽"。句子主干的宾语 spot 后面跟有不定式短语 to savor an ice cream 加以修饰，该修饰语在翻译中也变为一个竹节句"品尝冰激凌"。while watching the boats… or the arrival… 又是句子主干上附加的枝节，翻译时同样将其处理为汉语的竹节句。boats 后面的修饰语 darting about on the bay 也处理为主谓小句"飞快地穿梭往来"，the exciting arrival of the famous Mount Washington as she docks nearby 同样重构为竹节小句。可见，原文的树型结构翻译后变为汉语的竹型结构，更符合汉语流水句的表达特点。

6.4.2 汉英翻译：竹型语言变树型语言

上文论述了英汉翻译中英语树型语言转换为汉语竹型语言的情况，下面来看汉英翻译的情形。汉语是分节的竹型结构语言，长句通常会由逗号、分号断开的多个小句组成。翻译汉语长句时，通常会根据逻辑和意群将句子进行划分，然后分译成一个以上的英语句子；或者找到句子的核心主干，然后以从句、短语、分词结构等方式对句子进行扩充，形成树型结构的英语表达。

汉英翻译时，常常要把汉语长句中的各个流水句（竹节句），变为英语树型结构中的各个枝节。汉语流水句包含若干较短的小句，各小句之间没有关联词连接，遇到较长的流水句，需要理清各部分之间的语义关系，拆解后译出，并添加必要的连接词，以体现各部分之间的逻辑关系。换言之，汉英翻译与英汉翻译为反向操作，汉语的竹型语言要适当转换为英语的树型语言。

例［1］

原文：主控系统具有各测量参数的极限检测功能，并可设置至少两级报警，当某一参数达到极限值时，可控制试验台架设备执行预设的保护措施，包括发动机怠速，发动机停机，试验系统停机等。

译文：Be equipped with limitation check function of different measured parameters, and at least two-stage alarm can be set, and when some parameter reaches the limit value, the main control system can control test bench equipment to execute pre-determined protection measure, including engine idling, engine shutdown, test system shutdown, etc.

资料来源：《汽车机械类技术任务书》，2015。

原文由多个流水句组成，存在多个主语，多个动词，因此在翻译时要找出真正的核心主干，其他小句则处理为句子的其他成分。译者选择 the main control system can control test bench equipment 作为主句，其他选用分词结构、不定式小句等作为该主句上的枝节成分，在语法关系上这些枝节成分依附于句子主句。汉语的竹型结构语言，转换为英语的树型结构语言。

例 [2]

原文：……否则，我们走倦了就睡在铁道旁边，或者跑到对面的小山上去，青草做我们的床，白云做我们的被，还有悬在天空中的不灭的灯光，夜莺的音乐，多么幸福啊！（谢冰莹《黄昏》）

译文：Otherwise, when we got tired, we could lie down sleeping beside the railway, or go up the opposite hill to lie on top with sleeping grass as our bed, the white clouds as our quilts, and with inextinguishable lights over us in the sky and nightingales singing sweet songs. Oh, how happy we would be!（张培基译）

依据系统功能语言学的思想，英语介词短语为次要小句，具备由次要小句转换为主要小句的潜力。原文汉语含有多个主要小句，译为英语后，译者选择用非定式小句和多个介词短语重新识解原文的经验意义：sleeping beside the railway 为非定式小句，with sleeping grass as our bed，(with) the white clouds as our quilts，with inextinguishable lights over us in the sky and nightingales singing sweet songs 为介词短语。此种转换是因为英汉两种语言系统在建构人类经验时有不同的倾向性。译者在意义重构的过程中，选择了更符合目的语规范的表述习惯。

例 [3]

原文：人们走近园林，但见一片丛林，建筑掩映在密林之中，曲折的小路不知通向何方。（朱志良，叶朗，2016: 244）

译文：In the gardens, besides building looming behind dense groves of trees, **what most frequently meets the eye are winding paths** that seemingly lead to nowhere, as it would appear to new visitors.

原文包括四个小句，体现竹型语言的特点；译者翻译后选定一个主要小句 what most frequently meets the eye are winding paths，其他均为依附在该小句（树干）上的成分（枝节），包括动名词结构、定语从句等，汉语的竹型语言变为英语的树型语言。

例 [4]

原文：木匠老陈那时不过四十岁光景，脸长得像驴子脸，左眼下面有块伤疤，嘴唇上略有几根胡须。（巴金《木匠老陈》）

译文：Carpenter Lao Chen was then only about forty years old, with a longish face like that of a donkey, a scar under his left eye, and a wispy moustache on his upper lip.

原文描写了木匠老陈的外貌，呈流水句的排比陈列，译文避免罗列简单句，采用多个介词短语的并列与原来的流水句对应，将原文的竹节小句转换为英语树型结构中主干上的各个枝节，包括 with a longish face like that of a donkey，(with) a scar under his left eye，(with) a wispy moustache on his upper lip。

6.5 长难句的翻译：拆分与重组

科技文本长句结构复杂，晦涩难懂，如何保证信息的有效转化和准确传达是译者关注的问题。将源语转化为目的语时，要理清复杂信息，以符合逻辑的方式重构意义，使译文清晰易懂。翻译长难句的核心方法就是拆分与重组。

在长句翻译中，要综合运用多种技巧，最常用的都是将原有的信息单元进行拆分，然后按照相关新的逻辑关系进行重组。

例 [1]

原文：In this timeline, ①as soon as we create artificial intelligence ②it will already be able to think faster and ③with faster access to more varied input than humans ④thanks to the hardware it runs on.

译文：在此时间线上，①只要我们创造出人工智能，②得益于其所运行的硬件,③它们已经能够比人类更快地思考,④并更快地获得更多样的输入。

原文包含两个小句,as soon as we create artificial intelligence 和 it will already be able to think faster,第二个小句还包含 with 和 thanks to 引导的介词短语。系统功能语言学把介词短语看作是次要小句(Halliday,1994:212)。译文激活了次要小句转化为主要小句的潜力,将两个介词短语均处理为两个小句,"得益于其所运行的硬件","并更快地获得更多样的输入"。原文的小句片段在译文拓展为小句。此时,译文有四个小句,每个小句简短精练,符合汉语流水句的特点。

例 [2]

原文:The Turing test for machine intelligence holds that / a computer is a genuine thinker / if it resembles a human being to the degree that / someone interviewing both the computer and a human by teletype / cannot tell which is which.

译文:检验机器智能的图灵测验指出:判断一台计算机是否为真正的思考者,应看其是否能模拟人类到如下程度,即人们通过电传打字机与该计算机和一个人进行交谈时,无法将其区分开来。

译者将原文长句切分为五部分(用 / 加以表示),并在译文中用同样的五部分加以对应,符合汉语流水句的表达方式,通过竹节句的添加,不断补充相应内容。

例 [3]

原文:Official bilateral creditors have been called upon / by the IMF Managing Director and the World Bank President / to suspend debt payments from countries / below the International Development Association's operational threshold / that request forbearance / while they battle the pandemic.

第6章 逻辑意义翻译：依存关系和逻辑语义关系的重构与调整

译文：国际货币基金组织总裁和世界银行行长已呼吁官方双边债权人，对低于国际开发协会业务门槛且在对抗疫情期间请求提供债务延期的国家，暂停偿债要求。

本例为金融英语的翻译实例，取自《全球金融稳定报告》（2020）。原文含有英语常见的介词短语、不定式、定语从句、时间状语从句，句子结构错综复杂，符合英语树型结构的形合特点。根据拆分重组的原则，原文可切分成六个部分，对应如下意义：①国际货币基金组织总裁和世界银行行长已呼吁官方双边债权人；②对一些国家暂停偿债要求；③这些国家低于国际开发协会业务门槛；④ 这些国家请求在对抗疫情期间提供债务延期。

拆分完成后，根据中文的行文特点，按照时间先后顺序，并结合因果关系，将①放在句首，③和④是对这些国家的限定成分，限定成分与先行词关系紧密，可以将其前置，两项暂停偿债的条件之间添加关系词"且"，以示严谨。译者在对原文拆分的基础上加以重组。

例［4］

原文：**The growth of consciousness** among the workers **was inhibited** by continued high levels of employment and rising earnings for almost 15 years, combined with the propaganda of views in the labor movement reflecting the influence of Keynesian theories about the ability of capitalism to solve permanently the problem of "boom and bust" through a "managed economy" of "built-in stabilizers".

译文：将近十五年来，就业率一直保持高水平，工资收入不断增长。凯恩斯理论认为，资本主义制度有能力通过"内在稳定因素"的"国家调节经济"，永久解决"繁荣与危机"交替出现的问题，而劳工运动正是宣扬此种观点。这些因素结合在一起，导致工人阶级的觉悟提高受阻。

原文为典型的树型结构，句子的主干为 The growth of consciousness …

was inhibited…，其他均为附加在该主干上的枝节成分，其内容错综复杂，枝节交错。翻译时首先分析原文的树干枝节结构，将各种成分梳理清晰，明确其修饰对象。重构原文意义时，选用多个小句重组原文意义，调整语序、凸显焦点，优化译文的表达效果。

例［5］

原文：Such statements, difficulty of translating the language of copyright, while reflective of the hacker ethic, also reflected the loose, informal nature of that ethic into the rigid, legal language of copyright。

译文：这样的声明，不仅反映出黑客的伦理道德观，也折射出要将散漫、通俗的黑客道德观转换成用严谨的、版权法律用语表述的困难。

资料来源：《论计算机英语中长句的汉译——"舍弃形式，再现意义"》，宋艺峰，2014。

原文主干为简单句，插入语、介词短语等成分穿插其中，且介词短语较长，整个句子断句多，句子冗长复杂。主语为 such statements，谓语是 reflected，difficulty of translating… 和 while reflective of the hacker ethic 都可看作 statements 的后置修饰语。同时，difficulty of translating the language of copyright 和 the loose, informal nature of that ethic into the rigid, legal language of copyright 有一定的语义重复。译者重构原文意义时，可选用两个小句分别对"声明"加以陈述。

例［6］

原文：An operating system is a master control program, permanently stored in memory, that interprets user commands requesting various kind of service, such as display, print, or copy a data file, list all files in a directory, or execute a particular program.

资料来源：《大学计算机专业英语（第二版）》，孙建忠。

译文1：操作系统是永久驻留在内存中，能够理解用户的各种

第6章 逻辑意义翻译：依存关系和逻辑语义关系的重构与调整

指令（如显示、打印文件、将目录中所有文件列表）或者执行特殊程序的主控程序。

译文2：操作系统是主控程序，永久地驻留在内存中，能够理解用户的各种指令，如显示、打印文件、将目录中所有文件列表，或者执行特殊程序。

译文1的修饰语容量过大，不仅让整句话读起来晦涩难懂，且偏离了汉语的表达习惯。将原文各个部分的语义拆分，并在译文加以重组，译文2比译文1更符合汉语的表述习惯。

6.6 翻译练习

（1）树型语言和竹型语言的转换

The main difference is that web scraping does it on a much bigger scale by using bots to crawl numerous websites and extract huge amounts of information in seconds.

（2）定语从句的翻译

In 2018, dairy company Yili Group released a report on sustainable consumption in which it mentioned that over 90% of Chinese consumers were aware of sustainable consumption and 70% were very conscientious of it.

（3）逻辑语义顺序的调整

Digital transformation and technological innovation have birthed new professions requiring new skills and knowledge amid China's endeavors to shift to a more capital — and research-intensive development model.

（4）逻辑语义顺序的调整

With data now dubbed by some analysts as the "new oil" in terms of its value, the filed is still open to small and large players alike, which has led to some unprofessional activities that extend all the way towards the acquisition of password-protected data.

(5)长句的拆分和重组

Shear stresses are created by direct shear, vertical shear in beams, or torsion. In each case, the action on an element subjected to shear is a tendency to cut the element by exerting a stress downward on one face while simultaneously exerting a stress upward on the opposite, parallel face. This action is that of a simple pair of shears or scissors.

(6)长句的拆分和重组

To tackle the dirty water problem in China, Beijing Origin Water (BOW) has independently developed its own Membrane bioreactor (MBR) technology. The microfiltration process uses a supporting structure which gives it a permanent hydrophilicity, high mechanical strength, long life-span and a great deal of flux. The effluent meets Surface Water Standard IV qualifications. The technology saves 50% more of the land, and it has been one of the main technologies helping to resolve the dirty water problem in China.

第 7 章　人际意义翻译：语气和情态系统的选择与重构

人际意义主要由语气系统（mood）、情态系统（modality）和评价系统（appraisal）加以体现。语言的人际意义能够反映不同的交际角色，以及交际者的地位、态度、动机、推断等意义。本章主要聚焦人际意义中语气系统和情态系统的翻译。

7.1　语气的翻译：语气的选择与表达

语气系统是实现语言人际元功能的重要语法系统，也是理解交际双方人际关系的关键。具体而言，小句被组织成为人际互动事件，涉及说话人（或作者）以及受众，用以实现言语角色之间交际行为的互动，这正是作为交换的小句（clause as exchange）（Halliday，1994：68）。语气系统可以用来表达不同的言语功能。

Halliday & Matthiessen（2004）认为，语言承担的言语角色多种多样，包括陈述意见、提出问题、发出指令、表示怀疑等，但最基本的交际角色可以概括为两类：给予（giving）和索取（demanding）。交际过程中的交换物可以概括为"物品服务"和"信息"两类。交换物与交际角色相互作用便构成了四种最主要的言语功能：陈述（statement）、提问（question）、命令（command）和提供（offer）。通常情况下，这四种言语功能可由陈述、疑问和祈使三种语气来表达，在词汇语法层体现为陈述句、疑问句和祈使句。除此之外，再加上感叹句，便形成了英语的四种语气:陈述语气、疑问语气、感叹语气和祈使语气。语气系统的体现形式为语气结构(mood structure),即"主语+定式操作语(限定成分)+谓语+补语+附加语"(Subject + Finite + Predicator + Complement + Adjunct)。(Halliday & Matthiessen, 2004:121)

汉语同样具有此四种语气类型,表达语气时和英语具有较大共性。与此同时,汉语语气系统也表现出某些特性。例如,相比英语,汉语没有"定式操作语",其语气主要通过语气助词、特定结构或附加成分等来表示。语气助词"吗""吧""呢""啊""呀"等是汉语语气系统的特色,既可以表达语法中的语气意义,又可以表达相应的情绪色彩,而英语却没有相对应的语气助词。汉英翻译时,应对照汉语语气助词的表意特点,选择合适的英语语气加以对应。

下文为译文保留了原文陈述语气的例子。

例[1]

原文:These were the only places where they made customary visits. There were many parts in the town that they had never seen.

译文:这就是他们惯常的固定去处,而镇上还有许多地方他们不曾见过。

例[2]

原文:Nuclear power stations — as well as being vulnerable to horrific accidents and terrorist attacks — create mountains of dangerous radioactive waste.

译文:核电厂,不但在可怕的灾难和恐怖袭击面前不堪一击,而且还制造了大量危险的辐射性废料。

下文为译文保留了原文疑问语气的例子。

例[3]

原文:Should that be cause for admiration or concern?

译文：人们是该钦佩还是担忧呢？

例[4]

原文：At what point does a mass of nerve cells growing in a laboratory Petri dish become a brain?

译文：在何种程度下实验室培养皿中培育的神经细胞群才能变成大脑呢？

例[5]

原文：How can a country so linguistically diverse work, and indeed be one of the richest in the world?

译文：一个语言如此多元的国家究竟如何运转，甚至还可以跻身世界最富裕国家之列？

下文为译文保留了原文祈使语气的例子。

例[6]

原文：NEVER use insect repellents on wounds or irritated skin.

译文：请勿在伤口或发炎的皮肤上使用驱虫药。

例[7]

原文：Connect a parallel device, such as a printer, to the parallel connector.

译文：请将打印机等并行设备连接至并行连接器。

祈使句的言语功能表示强调、命令、警告等。上文两例是产品说明书的祈使句，表意直接，简洁有力。翻译时添加"请"字，表述礼貌，更符合汉语说明书的行文规范。

有时，根据语义表达的需要，译者也可选用不同的语气对应原文的语气。下文一例，译者选用感叹语气对应原文：

147

例［8］

原文：Some venture capitalists are living in a world of make-believe. Thank goodness for stock markets.

译文：一些风险投资者还沉浸在其构想的美好世界里。谢天谢地，股市给了当头棒喝！

尽管原文用了陈述语气，但 Thank goodness 的语义包含了感叹，译者翻译时选用感叹语气，以更突出地表达股市给风险投资者所带来的冲击。再看下文一例：

例［9］

原文：Could it possibly be that he might be that ere the day was done! Such was life, eh?

译文：难道在天黑之前，他也可能变成这个样子吗？生命就是这样吗，呃？

本例取自杰克·伦敦的《热爱生命》。原文的感叹语气，译者处理为疑问语气，以激发阅读者的思考。

例［10］

原文：她冷笑了一声，说："你想得很美呀！"

译文："Isn't it too good for you?" she smiled bitterly.

本例选自孙方友小小说《女票》。剧中女主人公"女票"的"冷笑"，以及讽刺的语气"你想得很美呀"，体现了对花匪的不屑和轻蔑，对于人物塑造、情节建构均具有积极作用。译文选用英语中的反问句 Isn't it too good for you?，重构原文的讽刺语气。

语气的选择在构建权势关系、社会角色及社会身份等方面发挥着重要作用。通常而言，翻译后译文语气系统的选择相比原文变化较少，基本保留了原文的各种语气意义。换言之，译文意义的再生，保留了原言语角色的交际互动，再现了原文的语气。相比语气意义，情态意义在翻译过程中的选择和改变更值得关注。

7.2 情态的翻译：情态的选择与表达

情态系统（modality）是除语气系统之外，实现人际意义的另一重要语法系统。Halliday（1994）认为，语气系统表达肯定和否定。情态意义则用来表达介于肯定和否定之间的意义，是位于两者之间的过渡等级（Halliday，1994：88）。情态意义的词汇语法表现形式呈现多元化，情态动词、形容词、副词、情态隐喻等，都可用来体现或诱发相应的情态意义。

对于命题（proposition）而言，肯定和否定两极的意义是"认同"和"否定"，它们之间的过渡等级有两种可能性：概率（probability）和频率（usuality）。"概率"在词汇语法层常由 possibly（或许）、probably（可能）、certainly（当然）等来体现，"频率"则常由 sometimes（有时）、usually（通常）、always（总是）等来体现。对于提议（proposal）而言，肯定和否定两极的意义是"规定"和"禁止"，它们之间的过渡等级也有两种可能性：义务（obligation）和倾向（inclination）。"义务"在词汇语法层常由 allowed to（允许）、supposed to（假定）、required to（要求）等来体现，"倾向"则常由 willing to（意愿）、anxious to（急于）、determined to（决心）等来体现。（Halliday，1994：89）

无论命题还是提议，所识解的情态意义均可以按照量值高低，分为高值情态和低值情态，以表达处于肯定和否定之间的各种人际情态关系。英语的情态动词按照情态值的高低排列主要包括 must、have to、will／shall、should／would、can／may、could／might 等，用来表示交际过程中的可能性、义务责任和意愿等。一般情况下，译者应对原文的情态加以保留。司显柱、吴玉霞（2009：70）认为，情态包含价值判断和意识形态的成分。当译入语的价值观念和源语相碰撞时，源语中的情态意义不被接受，就会产生相应的翻译问题。

下文将分别以法律文本和时政文本为例，阐述翻译中情态的选择与表达。

7.2.1 法律文本的情态翻译

根据李克兴（2007）的研究，英语中的情态动词有 can / could、may / might、must、have to、shall、should、will、would、ought、need、dare 等十余个，但法律文本中使用频率最高的情态动词依次为 shall、may、must 和 should。其中，shall 的翻译是难点。shall 作为情态动词与第三人称（或第二人称）共同使用时，常表示命令、责任、义务、权利等。法律文本中的 shall 通常译为"须""应""要""将"，有时也可译为"可""必须"，甚至省略不译。

例［1］

原文：The chief justice of the Court of Final Appeal and the Chief Judge of the High Court of the Hong Kong Special Administrative Region **shall** be Chinese citizens who are permanent residents of the Region.

译文：香港特别行政区终审法院和高等法院的首席法官，**应**由香港特别行政区永久性中国居民担任。

例［2］

原文：Each Party **shall**, on the request of another Party, facilitate the provision of technical advice, information and assistance, on mutually agreed terms and condition.

译文：应另一方的请求，各方**应**按照双方商定的条件，便利提供技术咨询、资料和援助。

上述两例中的 shall 译为"应"，表达义务和责任。

第7章 人际意义翻译：语气和情态系统的选择与重构

例[3]

　　原文：Husband and wife **shall** have equal status in the family.

　　译文：夫妻在家庭中地位平等。

例[4]

　　原文：The Board **shall** have such jurisdiction and powers as are conferred on it by this or any other Ordinance.

　　译文：仲裁处具备本条例或任何其他条例授予仲裁处的司法管辖权及权力。

上述两例中的 shall 在译文省去未译，表达"夫妻"或"仲裁处"所具有的权利。

汉英翻译中，表达"义务""权利"等意义时，译文也常选用情态语 shall 加以对应。

例[5]

　　原文：夫妻双方都有参加生产、工作、学习和社会活动的自由，一方不得对他方加以限制或干涉。

　　译文：Both husband and wife **shall** have the freedom to engage in production and other work, to study and to participate in social activities; neither party may restrict or interfere with the other party.

例[6]

　　原文：禁止包办、买卖婚姻和其他干涉婚姻自由的行为。禁止借婚姻索取财物。

　　译文：Marriage upon arbitrary decision by any third party, mercenary marriage and any other acts of interference in the freedom of marriage **shall** be prohibited. The exaction of money or gifts in connection with marriage shall be prohibited.

151

例［7］

原文：禁止重婚。禁止有配偶者与他人同居。禁止家庭暴力。禁止家庭成员间的虐待和遗弃。

译文：Bigamy **shall** be prohibited. Cohabitation of a married person with any third party **shall** be prohibited. Domestic violence **shall** be prohibited. Within the family maltreatment and desertion of one family member by another **shall** be prohibited.

本例为《中华人民共和国民法典（婚姻家庭编）》中的条文。原文规定了婚姻中禁止的四种行为。译文均添加了 shall 一词，法律条文中 shall 通常用于表达义务。

法律文本中表示出于职责、义务必须做的事，中文常用"必须"，英文多用 must 或 should 加以对应。

例［8］

原文：结婚**必须**男女双方完全自愿，不许任何一方对他方加以强迫或任何第三者加以干涉。

译文：Marriage **must** be based upon the complete willingness of both man and woman. Neither party **may** use compulsion on the other party and no third party may interfere.

当表示许可的法律规范时，英文多用 may，中文多用"可以""有权"，如：

例［9］

原文：子女**可以**随父姓，可以随母姓。

译文：Children **may** adopt their father's or their mother's surname.

例 [10]

原文：受害人**可以**依照刑事诉讼法的有关规定，向人民法院自诉。

译文：The victim **may** institute a voluntary prosecution in a people's court in accordance with the relevant provisions of the criminal procedure law.

例 [11]

原文：因胁迫结婚的，受胁迫的一方**可以**向婚姻登记机关或人民法院请求撤销该婚姻。

译文：In the case of a marriage made under coercion, the coerced party **may** make a request to the marriage registration office or the people's court for the dissolution of the marriage contract.

例 [12]

原文：夫妻**可以**约定婚姻关系存续期间所得的财产以及婚前财产归各自所有、共同所有或部分各自所有、部分共同所有。

译文：So far as the property acquired during the period in which they are under contract of marriage and the prenuptial property are concerned, husband and wife **may** agree as to whether they should be in the separate possession, joint possession or partly separate possession and partly joint possession.

7.2.2 时政文本的情态翻译

下文以时政翻译为例进一步加以说明。就时政语篇的汉译来讲，汉语时政语篇中存在数量众多的"必须""务必""定要"等高值责任型情态，此类高值情态的使用相比英文更为普遍。再实例化后若机械保留，会与目的语文化中语言情态使用的规范发生冲突，给目标读者带来阅读不适和接受障碍。

例〔1〕

原文：在经济全球化深入发展的时代条件下，金砖国家发展不能独善其身，**必须**在谋求本国发展的同时促进各国共同发展。

译文：In this era of continuing economic globalization, we BRICS countries **should** not just seek our own development, but also work for the common development of all countries.

"必须"表明了义务的高情态值。情态动词must的情态值几乎最高，对应原文的"必须"，表达强烈的责任义务。需要注意的是，情态值的高低与言语礼貌程度密切相关。一般而言，情态值越高，言语者对命题所持的态度就越为坚决，言语受众越能感到压力；相反，情态值越低，言语者对命题所持的态度就越为缓和，言语受众有更多的选择余地。因此，情态值的选择，会影响到情态责任的高低。上例中原文的"必须"转为译文的should，情态值有所降低，言语受众可以适当缓解由言语者高情态表达所带来的压力，尤其当受众涉及多方他人时，如本例中的"金砖国家"，情态值的适当降低有助于受众的接受。

有时，"必须"也会进一步弱化为低值情态义动词谓语need，如：

例〔2〕

原文：实现我们的奋斗目标，**必须**有和平国际环境。

译文：To realize these goals, we **need** a peaceful international environment.

例〔3〕

原文：搞好上述领域合作，**必须**得到各国人民支持。

译文：To pursue productive cooperation in the above-mentioned areas, we **need** the support of our peoples.

上述两例中原文用了高情态值的"必须"，意在表达"和平国际环境""各国人民支持"是迫切需求的条件。译文选用低情态值实意动词

need 表达了此种需求，高值情态表达呈现一定的弱化倾向，更有助于受众的接受。

有时，再实例化后还会将高值情态义"必须"省略。如：

例［4］
　　原文：这些我们必须始终不渝坚持下去，永远不能动摇。
　　译文：We remain true to these commitments and we remain firm in honoring them.

原文的"必须"在译文均得以省略，情态意义消失，转为肯定的表达。依据系统功能语言学的思想，再高值的情态意义，也不如肯定意义的表达更为确定。高值情态意义向肯定意义的转变，更表明了对重要方针遵循执行的决心。

7.3　翻译练习

请将下列句子译为英语。
（1）人生的扣子从一开始就要扣好。
（2）外资企业必须遵守中国的法律、法规，不得损害中国的社会公共利益。
（3）夫妻双方都有各自使用自己姓名的权利。
（4）父母或者其他监护人必须履行保障适龄女性儿童少年接受义务教育的义务。
（5）外资企业在批准的经营范围内需要的原材料、燃料等物资，可以在中国购买，也可以在国际市场购买；在同等条件下，应当尽先在中国购买。
请将下列句子译为汉语。
While the variety of materials continues to increase, we must use these resources efficiently and recycle as much as we can of those materials which are fast depleting.

第 8 章　人际意义翻译：评价意义的选择与重构

第 7 章讨论了人际意义中语气系统和情态系统的翻译，本章聚焦人际意义中的评价系统，并以多种语类的语料为例，阐述译者如何在翻译中选择与重构评价意义。

8.1　评价意义：态度、介入与级差

Martin & White（2005）发展了系统功能语言学人际意义中的评价意义。评价意义（appraisal）包括态度（attitude）、介入（engagement）和级差（graduation）三大系统。其中，态度是评价系统的主体，包括情感（affect）、判断（judgment）和鉴赏（appreciation）三个子系统，用来表达我们对人、事、物的感受和评判；介入指用自言或他言的手段，调节语言使用者对所说或所写内容所承担的责任和义务；级差是对态度介入程度的分级资源，包括语势（force）和聚焦（focus）两个子系统。语势系统可进一步分为量化和强化。量化是对量的多少进行分级，强化是形容评价时程度修饰的强弱（Martin & White，2005：141）。聚焦系统是对语言精确和模糊的评价，可进一步分为锐化和柔化，锐化聚焦常常表示正面态度（如 a true friend），柔化聚焦常常表示负面态度（如 kind of crazy）（同上：138）。评价意义的三大系统中，态度系统和级差系统与翻译的关系较为密切。译者对原文态度意义和级差意义的识别和再现，直接影响原文评价意义的重构。

人际意义的读解立场与主观判断密切相关，是读者阅读文本时持有的信念、态度和期望（White & Thompson，2008：11）。Martin & White（2005）总结了三种读解方式：依顺式（compliant）、策略式（tactical）和阻抗式（resistant）。这三种读解方式也可用来描述翻译时译者对原文人际意义的读解方式，依顺式读解意味着译者与原作者在人际意义识解上保持一致，阻抗式读解意味着译者在人际意义识解上与原作者持对抗态度，策略式解读意味着译者基于一定的目的和准则，既不与原作者的识解完全一致，也不与其完全对抗，而是采取灵活、有策略的读解方式。译者选择三种读解方式分别对应着三种译文：依顺式译文、阻抗式译文和策略式译文。

8.2 评价意义翻译：多语类文本中评价意义的选择与重构

本节分别以文学文本、旅游文本、时事文本、广告文本的翻译为例，说明翻译中评价意义尤其是态度意义的选择与重构。

8.2.1 文学文本的评价意义与翻译

相比其他类型的文本，文学文本蕴含着丰富的审美感知和情感判断，评价成分的使用极为丰富，这些评价成分也是塑造文学人物性格特点的重要手段。翻译过程中，译者应充分识解原文的态度意义，同时再现或重构原文的评价意义。

例［1］
　　原文：...over her tea (to which she was extremely partial) she, to the last, expressed her indignation at the impiety of mariners and others, who had the presumption to go "meandering" about the world. (*David Copperfield*)

译文：……她一直到死，喝着茶的时候（她极爱喝茶），老气忿忿地说哪些航海一类的人，不怕上帝见罪，竟敢大胆，像野马一样，绕世界"乱跑"一气。（张谷若译）

原文的 had the presumption 暗含"本不该做，却放肆、冒昧去做"之义，是原文作者对航海之人的否定评价。考虑到文学文本情感丰富、表述夸张，翻译时译者忽略了原文的经验意义表达，摆脱词汇束缚，转而着力构建译文的人际意义。张谷若的译文选用"不怕上帝见罪，竟敢大胆"这种情感意义丰富的表达，突显了译者在译文建构中的主体性。

例［2］

原文：…but her face blushed with **rosy** health, and her lips with the **freshest** of smiles, and she had a pair of eyes, which sparkled with the **brightest** and **honestest** good-humour, except indeed when they filled with tears, and that was a great deal too often; (*Vanity Fair*)

译文：她脸色**红润**，显得很健康，嘴角卷着**甜迷迷**的笑容，明亮的眼睛里**闪闪发光**，流露出**最真诚**的快活，可惜她的眼睛里也常常装满了眼泪。（杨必译）

本例为萨克雷小说《名利场》中的例句，此处了描述二号女主人公 Amelia，原文富含评价意义，多处选用了高值积极评价语 freshest、brightest、honestest 等，从级差系统的视角看，语势最强。译者在翻译时对上述评价意义进行了灵活调整，三处最高级仅保留了一处最强语势，即"最真诚"，其他均选用较强语势的积极评价语"甜迷迷""闪闪发光"。

例［3］

原文：Well, he is **a lofty man of genius**, and admires **the great and heroic** in life and novels; and so had better take warning and go elsewhere. (*Vanity Fair*)

译文：他本来是个**高人一等的天才**，不论在小说里在生活中，只赏识**大刀阔斧、英雄好汉的事迹**，所以我这里先警告他，请他走开。（杨必译）

本例为萨克雷小说《名利场》中描述琼斯的例句。原文的 a lofty man of genius 和 the great and heroic 评价意义丰富，译者在重构原文评价意义时，选用了"高人一等的天才"和"大刀阔斧、英雄好汉的事迹"加以对应。

例［4］
原文：富商贵介，接踵于门。
译文1：…many rich merchants and local gentry sought to patronize her.
译文2：…now rich merchants and men of noble houses rubbed shoulders at her gate.
译文3：Ruiyun was visited every day by thongs of rich merchants and local gentry.
译文4：…those with money lined up to visit her.

本例选自《聊斋志异·瑞云》，四个英译本的译者分别是 Hu Shiguang、Denis C. 和 Victor H. Mair、丁汪道、郭临和赫光锋。原文的"富商贵介"包含着两层意思，"富商"和"贵介"，前三种译文均体现了此两者的区别，而译文 4 把他们简化成了 those with money，与原文相比存在出入。"接踵于门"是形象的比喻说法，勾勒出一幅门庭若市、宾客来来往往的画面，属积极的评价成分，突出瑞云当时的名声之高，同时也为后文的发展进行铺垫。但该画面在译文 2 中保留得最好，rubbed shoulders 的词汇语法选择也符合英文的表达习惯，无论在语言形式上还是意义内容上都没有丢失原文信息。而其他三种译法，基本都是尝试意译，或用 sought to patronize her 或用 lined up to visit her 或改变叙述的角度，把重心又落在瑞云身上，只用被动表现出了富商贵介的行为，选用普通的 visit 一词,接踵的意义丢失,只用修饰语 thongs of 代表"多"的概念,与原文相比,评价意义被削弱。

例 [5]

原文:每一本书——不论小说、戏剧、传记、游记、日记,以至散文诗词,都**别有天地**,别有**日月星辰**,而且还有生存其间的人物。我们很不必**巴巴地**赶赴某地,花钱买门票去看些仿造的赝品或"**栩栩如生**"的替身,只要翻开一页书,走入真境,遇见真人,就可以**真真切切地**观赏一番。

译文 1:Likewise, every book, be it a novel, a play, a biography, or a book of traveling notes, of journals, and of even essays or of poems, contains a world of its own, with its own sun, moon, and stars and its own live characters between heaven and earth. There is really no need **trotting** all the way to places and paying admission fees, **merely** to view imitations or **vivid** "substitutes", when we can simply open a book and find ourselves in real situations and meet real characters for **a close contact**.(第十八届"韩素音青年翻译奖"参赛译文)

译文2:Likewise, in each book, whether a novel, drama, biography, travel book, diary, or a prose, poem, there is another different world, in which we can see different scenes and characters who live there. Therefore, we don't have to **specially go** somewhere and buy tickets to see some counterfeits and "**vivid**" actors. As long as you open a book, you can walk into the real scene, and run into the real person, and watch the whole picture yourself.(史志康,《中国翻译》,2006 年第6期)

本例取自杨绛先生的散文《读书苦乐》。原文论述了读书之乐,其中用到多处包含评价义的表达,如"巴巴地""栩栩如生的""真真切切地"。对比两个译文对评价成分的处理,译者对原文评价意义的读解不同,译文识解评价意义的方式也不同。译文 1 选用 trotting、merely、 vivid substitutes 等评价成分，对应原文作者的评价态度；译文 2 选用 specially go、vivid actors 等，从评价意义重构的视角来看，译文 1 比译文 2 所识解的评价意义更为丰富。

8.2.2 旅游文本的评价意义与翻译

旅游文本因吸引游客、宣传旅游资源的需要，评价意义丰富。旅游文本的翻译中，译者应尤为关注富含评价意义的内容，并在译文中恰当重构评价意义。如：

例［1］

原文：This natural wonders **unparalleled** beauty inspired the U.S. government to create the worlds first national park. For a young country just coming of age in the early 1800s, the discovery of Yellowstone helped define America s identity with its **vast**, **bold** landscape.

译文：这一自然奇观以其**无与伦比**的美景促使美国政府辟建了世界上第一个国家公园。作为一个19世纪初叶才发展起来的年轻国家，黄石地区的开辟得以使美国以其**辽阔**而**雄浑**的自然风光著称于世。

原文中的 unparalleled、vast 和 bold 为高值积极评价义，用以描述黄石公园的自然风光之美，译者应将其逐一译出，以符合旅游语篇吸引游客的目的。

例［2］

原文：Dramatic coastlines, sweeping barrens, thick boreal forests, and ancient rock formations — the natural, wild beauty of this place surrounds you at every turn.

译文：在这里，您可以看到蜿蜒曲折的海岸线，一望无际的荒漠，郁郁葱葱的森林和古老悠久的岩层。所到之处，您都能感受到自然之美、狂野之美。

本例为旅游景点的介绍。译者选用了饱含评价意义的词汇"蜿蜒曲折""一望无际""郁郁葱葱""古老悠久"。原语的主语是景观,译者增添了第二人称"您"作为主语,拉进与读者的距离,吸引游者前往游览。

例〔3〕

原文:With more than 29,000 kilometers of coastline, it's not hard to spot plenty of whales, seabirds, and icebergs.

译文:绵延2.9万公里的海岸线,可以看到不计其数的鲸鱼,铺天盖地的海鸟和形状各异的冰山。

英语的描述客观具体,语言平实。考虑到汉语旅游文本的特点,翻译时可采用积极评价意义丰富的四字格,突出景色的震撼,对游客产生更多的吸引力。译者选词考究,赋予译文更丰富的态度意义。语篇再生和意义重构过程中,译文的意义权重增加,即译者识解了比原文更多的意义。

例〔4〕

原文:A true geological hot spot, this national park contains two of the world's most active volcanoes. Measured from the seafloor, **broad** Mauna Loa is the **tallest** mountain on Earth, and Kilauea continues to spew and spit, constantly reforming the landscape around it. Magma vents on the seafloor send lava shooting to the surface, erupting into molten streams that flow straight into the Pacific, forming new land as they cool. Scenic drives can **wind through** the Ka'u Desear and a rain forest, home to a rich concentration of Hawaiian birds and other wildlife. (Hawaii Volcanoes National Park, *National Geographic*)

译文:这里是观赏地质地貌的热点景区。夏威夷国家火山公园共有两座全球最活跃的活火山：一座是莫纳罗亚大火山，**雄伟壮丽**，海拔高度为全球火山之最；另一座是基拉韦厄火山，至今还在岩浆喷涌，不断改变着周围的地形地貌。在海洋深处，大量岩浆从多个火山口自海底**喷射而出，直冲海面，汇聚成汹涌的熔浆流直扑太平洋**，一经海水冷却便凝聚为新的陆地。游客可乘游览车**蜿蜒穿行**于"卡乌"荒滩和热带雨林之中，那里是夏威夷鸟类和其他野生动物的云集地。

原文为美国《国家地理》杂志的一段景点介绍。原文的评价意义在译文得以重构，用 broad 和 tallest 形容 Mauna Loa 大火山，译者可选用"雄伟壮丽"加以对应；原文用 send lava shooting to the surface, erupting into molten streams that flow straight into the Pacific 形容基拉韦厄火山的岩浆喷射，翻译也选用了具有丰富评价意义的表达"（岩浆）自海底喷射而出，直冲海面，汇聚成汹涌的熔浆流直扑太平洋"。原文 Scenic drives can wind through the Ka'u Desear and a rain forest，译者用"游客可乘游览车蜿蜒穿行于'卡乌'荒滩和热带雨林之中"，增强旅游文本对游客的吸引力。

8.2.3　时事文本的评价意义与翻译

本节聚焦时事文本的评价意义与翻译。时事文本因表达对热点事件或社会人物的态度、评判等，也常具有丰富的评价意义，译者应注重识别并在翻译过程中重新建构。

例［1］

原文：As the boss of Tesla, the world's most valuable carmaker, and SpaceX, the world's second-most valuable unicorn, Elon Musk is the stuff of business legend. As a gifted technologist **with an enduring air of misfit adolescence** he also has more than a whiff of the comic book about him. When he is talked about as an inspiration for Tony

Stark in the "Iron Man" and "Avengers" movies, it is not just because he too is a **fabulously rich, frequently irritating egotist with a saviour complex**. It is because he has every intention of using the remarkable technological capabilities under his control to change the future course of history.

译文：作为全球市值最高车厂特斯拉以及世界第二大独角兽公司Space X的老板，马斯克是位商业传奇人物。他是个技术天才，一股**叛逆少年的桀骜气息**从未褪去，而兼有浓重的漫画人物味道。有人说他是电影《钢铁侠》和《复仇者联盟》中托尼·史塔克的原型，不仅仅因为他跟史塔克一样**富甲天下、自大狂妄**常**惹恼众人、具有救世主情结**，还因为他们都热切希望运用手中非凡的技术力量来改变未来历史的进程。

本例介绍了特斯拉CEO埃隆马斯克，原文包含丰富的评价意义，体现为高值评价语的使用，如with an enduring air of misfit adolescence、fabulously rich、frequently irritating egotist with a saviour complex等，体现了原作者对Musk的感受和评价。译者在翻译时同样保留了上述评价意义，用诸多四字表达"桀骜气息""富甲天下""自大狂妄""惹恼众人"等加以对应，重现了原文对Musk的评判态度。

例[2]

原文：When venture capitalists **jostle with each other to write cheques** of $100m or more on a daily basis, **it goes to a founder's head**. As is now common in Silicon Valley, Mr. Neumann demanded more power for himself and his heirs via supervoting rights. He engaged in potential conflicts of interest, listed in the firm's IPO prospectus. The **mountain of venture money** available, including from mutual funds, enabled his firm to stay private for nine years, almost three times longer than the average tech startup in 2001. **It entrenched bad habits**.

第8章　人际意义翻译：评价意义的选择与重构

译文：当诸多风险投资家每天**争相开出**1亿美元甚至面额更大的支票时，**创始人已经被冲昏了头脑**。正如当今在硅谷极为常见的那样，诺依曼先生通过超级投票权为自己和继任者争取了更多的权力。公司的IPO招股章程，表明他已经参与了潜在的利益冲突。因**大量风投资金**（包括共同基金在内）不断注入，WeWork保持私营长达九年，几乎是科技初创公司（成立于2001年的那些）平均私营时长的三倍。这也使WeWork**深陷顽疾**，**积重难返**。

汉语时事语篇中，由于汉语修辞的需要，有时采用高值积极自我评价意义。但当对内话语转换为对外话语时，译者应考虑到目的语受众的审美情趣和接受心理，在译文中过滤掉某些高值积极评价义，以求表述的朴素，更符合目标读者的阅读心理。如下文一例：

例［3］
原文："一国两制"是保持香港长期繁荣稳定的**最佳**制度
译文："One Country, Two Systems": Long-Term Prosperity and Stability for Hong Kong
回译："一国两制"：香港的长期繁荣稳定

原文的"最佳"为显性的积极态度评价意义，从级差系统的视角看，为语势最强。译文中该最强语势评价意义未出现，若加以回译，明显可发现态度意义和级差意义的缺失。态度意义和级差意义在译文中被剥离，译者既考虑英汉修辞使用习惯的差异，又考虑政治背景的不同。从修辞习惯来看，汉语常用情感饱满的情态词，英语则更倾向客观朴实的陈述；从政治因素的考量来看，"'一国两制'是保持香港长期繁荣稳定的最佳制度"，这种表述是典型的对内话语，符合国内的政治生态。然而，对外话语中，应淡化政治宣传色彩，充分考虑到受众的接受和认可程度，以免引起不必要的负面抵触情绪。因而，译文选择了剥离显性高值积极评价"最佳"，转为较平实的叙述语言，以更多地争取国际支持。又如：

例〔4〕

原文：积极回应广大人民群众对深化改革开放的**强烈**呼声和**殷切**期待

译文：In response to the call of the people and their expectations for further reform and opening up

原文的高值积极评价词汇"强烈""殷切"在译文均未出现，以符合目的语的修辞规范和特点。评价词汇的使用差异是汉英语言修辞习惯不同的体现。具体而言，汉语多用高值积极评价成分增强表达效果，强化修辞。但若将这些评价成分机械译出，要么不符合逻辑、要么多此一举、要么拖泥带水（张健，2013：103）。译者可以删除高值积极评价语，译文更容易在目标受众中接受。

例〔5〕

原文：新型冠状病毒肺炎是近百年来人类遭遇的**影响范围最广**的**全球性大流行病**，对全世界是一次**严重**危机和**严峻**考验。人类生命安全和健康面临**重大威胁**。

译文：The Covid-19 **global pandemic** is **the most extensive** to afflict humanity in a century. A **serious** crisis for the entire world, and a **daunting** challenge, it poses a **grave** threat to human life and health.

资料来源：《抗击新冠肺炎疫情的中国行动》。

此例介绍新型冠状病毒肺炎的严峻之势，原文采用了"影响范围最广""全球性大流行病""严重危机""严峻考验"和"重大威胁"等高值评价成分，翻译后译者也选用高值评价成分 global pandemic、**the most extensive**、**serious** crisis、**daunting** challenge、**grave** threat 等加以对应，原文的评价意义在译文得以保留，以更多争取国际社会的支持。

例〔6〕

原文：这是一场全人类与病毒的战争。面对**前所未知**、**突如其**

第8章 人际意义翻译：评价意义的选择与重构

来、**来势汹汹**的疫情天灾，中国**果断**打响疫情防控阻击战。中国把人民生命安全和身体健康放在第一位，以**坚定果敢**的勇气和决心，采取**最全面最严格最彻底**的防控措施，**有效**阻断病毒传播链条。14亿中国人民**坚韧奉献、团结协作**，构筑起同心战疫的坚固防线，彰显了人民的伟大力量。

译文：This is a war that humanity has to fight and win. Facing this **unknown, unexpected,** and **devastating** disease, China launched a **resolute** battle to prevent and control its spread. Making people's lives and health its first priority, China adopted **extensive, stringent,** and **thorough** containment measures, and has for now succeeded in cutting all channels for the transmission of the virus. 1.4 billion Chinese people have exhibited **enormous tenacity and solidarity** in erecting a defensive rampart that demonstrates their power in the face of such natural disasters.

资料来源：《抗击新冠肺炎疫情的中国行动》。

此例同上。加黑部分的表达突显了新冠疫情的严重性，译文态度意义的选择与原文保持一致，最高级表达的级差意义，即最强语势意义，在译文得以省略，以避免表述的绝对化，引起国外受众的负面情绪。

例［7］

原文：当前，疫情在全球**持续蔓延**。中国为被病毒夺去生命和在抗击疫情中牺牲的人们**深感痛惜**，向争分夺秒抢救生命、遏制疫情的人们**深表敬意**，向不幸感染病毒、正在进行治疗的人们**表达祝愿**。中国**坚信**，国际社会**同舟共济、守望相助**，就一定能够战胜疫情，走出人类历史上这段**艰难时刻**，迎来人类发展**更加美好**的明天。

译文：The virus is **currently wreaking havoc** throughout the world. China **grieves** for those who have been killed and those who have sacrificed their lives in the fight, **extends the greatest respect** to those who are struggling to save lives, and **offers true moral support** to those who are infected and receiving treatment. China **firmly believes** that as long as all countries **unite and cooperate to mount a collective response**, the international community will succeed in overcoming the pandemic, and will emerge from this **dark moment** in human history into a **brighter future**.

资料来源：《抗击新冠肺炎疫情的中国行动》。

此例为中国抗击新冠疫情白皮书中的内容。原文介绍了新冠疫情的肆虐、带来的后果并表达了抗击疫情的信心，其中含有丰富的评价意义。译者选择保留这些评价意义，在译文再现抗疫决心。

8.2.4 广告文本的评价意义与翻译

广告属于感染性文本，其重要目的是感染受众并诱使其采取某种行动，侧重对受众的感染作用。从评价理论的视角来看，广告文本的评价成分丰富。广告文本的翻译，也应尽量再现原文的评价意义，实现原文的感染作用，并根据目标受众的审美特点和接受心理进行适当调整。由于语言修辞和审美差异，广告文本常常需要译者进行创造性翻译。

例 [1]
　　原文：西凤酒，清而不淡，浓而不艳。
　　译文：Xifeng wine, mellow and smooth.

本例为西凤酒的宣传广告语。"清而不淡，浓而不艳"是对该酒的评价，采用了对仗的修辞手段；译文选用核心语义，对原文意义重新建构：Xifeng wine, mellow and smooth.

有时，汉语广告词中会堆砌大量的高值情态表达，是汉语强调修辞的一种表现，但汉英翻译中，译者可适当降低高值积极评价意义，选用较为平实的语言加以表达。

例 [2]

原文：本品色泽自然，汁水清香，味甘爽口，花形完美，是四季皆宜的高级饮料。

译文：This product is characterized by its natural colour, faint scent, unique taste and perfect form. It is a nice drink to be taken in all seasons.

原文是对一则饮料的说明介绍，用词包含了丰富的评价成分，如"色泽自然，汁水清香"等。翻译中对这些积极评价成分加以保留，如 natural、faint scent、unique taste、perfect form 等，以感染并诱导译文读者。

例 [3]

原文：满树金花，芳香四溢的金桂；花白如雪，香气扑鼻的银桂；红里透黄，花多味浓的紫砂桂；花色似银，季季有花的四季桂，竞相开放，争妍媲美。进入桂林花园，阵阵桂花香扑鼻而来。

译文1：The Park of Sweet Osman-thus is noted for its profusion of Osman-thus trees. Flowers from these trees in different colors are in full bloom which pervade the whole garden with the fragrance of their blossoms.

译文2：Flowers from these trees in different colors are in full bloom, which pervade the whole garden with the fragrance of their blossoms.

本例为上海桂花节的宣传广告。汉语文本辞藻华丽，积极评价意义丰富。若照搬原文的评价修辞，译文1显得浮夸滑稽，不符合目的语受众的阅读习惯和审美情趣。译文2采用浓缩翻译法，舍弃了原文的诗意盎然，转而用朴实具体的语言加以描述。

例［4］

原文：未来，将把更多中式糕点带到世界各地，让源自苏州的稻香村香飘世界，让中国糕点享誉世界，让中华美食在世界的舞台起舞、光荣绽放、回味无穷！

译文1：In the future, Daoxiang Village will bring more Chinese pastries to all parts of the world, let the Daoxiang Village from Suzhou fragrant world, make Chinese pastries famous in the world, let Chinese cuisine dance on the world stage, gloriously bloom, endless aftertaste.

译文2：In the future, Daoxiang Village will bring more Chinese pastries to all parts of the world, and make Chinese pastries famous in the world.

本例为中华老字号"稻香村"的简介用语。"（稻香村）将把更多中式糕点带到世界各地"和"让源自苏州的稻香村香飘世界"表达意义相近，后一句"让中华美食在世界的舞台起舞、光荣绽放、回味无穷"还包含了更文学化的广告语，且与前文"让中国糕点享誉世界"表达的意义也相近，这种重复强调是汉语的修辞特点。原文的评价意义如若完全保留（如译文1），译文显得华而不实、滑稽可笑，反而削弱了宣传的效果。译者可采用浓缩式翻译，重构原文意义。

8.3 翻译练习

请将下列句子译为汉语。

（1）Many employers and professors admit feeling more exhausted due to the pandemic. Many workers and students share the same sentiments.

（2）Whitening Liquid Foundation provides natural-looking, light, long-lasting coverage. It contains whitening ingredients to cover spots, while moisturizing your skin.

（3）For Joseph and Mary, the circumstances of Jesus's birth —

in a stable — were far from ideal, but worse was to come as the family was forced to flee the country. It's no surprise that such a human story still captures our imagination and continues to inspire all of us who are Christians, the world over.

（4）Commercial-property markets may wobble as WeWork curbs its appetite for office space. For a while at least, there could be fewer of the breathtaking innovations such as ride-hailing that have transformed cities around the world.

请将下列句子译为英语。

（1）浙江素有"鱼米之乡、丝茶之府、文物之邦、旅游胜地"的美誉，自然风光和人文景观交相辉映。

（2）天坛，中国建筑和景观设计的杰作。天坛的布局和设计对中国几个世纪以来的建筑产生了深远的影响。

第 9 章　语篇意义翻译：衔接手段与译文连贯性的重构

语篇意义对应语篇元功能，体现了把语言成分组织成为语篇的意义。依据系统功能语言学的观点，语篇意义主要由"主位结构"（thematic structure）、"信息结构"（information structure）和"衔接手段"（cohesive means）来体现。主位结构表现为"主位＋述位"（Theme + Rheme），信息结构表现为"已知信息＋新信息"（Given Information + New Information），衔接手段则主要有词汇衔接（lexical cohesion）和语法衔接（grammatical cohesion）两种类型（Halliday & Matthiessen，2004）的观点。相对于概念意义和人际意义，语篇意义在翻译实践中常常被忽视，需要译者在翻译过程中尤为关注。

本章首先介绍衔接手段在译文中的使用，总结译者如何选择合适的衔接手段，并产出语义连贯的译文。

9.1　翻译中的衔接手段

9.1.1　衔接手段：语法衔接和词汇衔接

衔接手段体现语篇功能。Halliday（1985，1994）把衔接分为语法衔接和词汇衔接两种。其中，语法衔接包括照应（reference）、省略（ellipsis）、替代（substitution）和连接（conjunction）。词汇衔接包括重复（repetition）、同义/反义（synonymy / antonymy）、上下义/局部整体关系（hyponymy / meronymy）和词汇搭配（collocation）。衔接手段的分类方法有助于译者识解原文和译文的衔接关系。当语篇中一个成分的含义依赖于另一个成分的解释时，便产生衔接关系（胡壮麟等，2005：179）。姜望琪（2011：66）认为，衔接理论是为了补充小句语法的不足，语法负责构建语篇所需的结构性资源，衔接负责非结构性资源。

词汇衔接通过词汇意义的连续而获得衔接效果（Halliday & Hasan，1976：320）。这种词汇意义的连续可以是近距离的，也可以是远距离的。相邻小句之间的词汇衔接即为近程衔接，不相邻小句之间的词汇衔接称为远程衔接（Halliday & Hasan，1976：310；331）。在重复、同义 / 反义、上下义 / 局部整体关系、搭配这些词汇衔接类型中，最直接的方式就是重复（Halliday，1994：330）。重复可分为指称性重复和非指称性重复。前者往往包含具有回指意义的定冠词 the，多以近程衔接为主；后者不存在指称性衔接，多以远程衔接为主。

英语和汉语的衔接手段类型基本相似，均包括语法衔接（照应、替代、省略、连接）和词汇衔接（重复、同义词、反义词、上下义关系、搭配）等，但不同衔接手段的使用频率在两种语言中有所不同。这与汉语是意合语言、英语是形合语言的特点密切相关。通常而言，汉语词汇衔接中的重复和语法衔接中的省略这两类衔接手段的使用比英语更突出，而英语则语法衔接中的照应和替代衔接手段使用较多。忽视英汉两种语言在衔接方式上的差异，往往会导致翻译偏差，衔接手段的识别和处理也成为翻译教学中的一大重点和难点。

9.1.2 翻译中衔接手段的选择和调整

下文分别以英汉翻译和汉英翻译为例，总结译者如何选择并调整译文的衔接手段。

9.1.2.1 英汉翻译：语法衔接变为词汇衔接

由于英汉两种语言中代词的语法作用和使用频次的差异，代词的翻译常常是译者需要特别注意的方面。英语的代词使用频率比汉语高，照应是英语常用的语法衔接方式，英汉翻译中不少情况下常将其转化为词汇重复衔接。

英语常用照应或替代衔接手段来呼应或代替句中或上文已出现过的内容。这些手段常常包括第三人称代词、指示代词（this、that、these、those），关系代词（who、whom、whose、that、which），连接代词（who、whose、whom、what、which）等。翻译为汉语后，译者常常会加以调整，变为汉语常用的重复衔接。

例［1］

原文：Moreover, this is the ordinary way of having an argument and talking about **one**.

译文1：而且，这是我们进行争论以及谈论**它**的常规方式。

译文2：而且，这是我们进行争论以及谈论**争论**的常规方式。

译文2更符合汉语的表述习惯。原文用 one 代指前文的 an argument，原文的替代衔接改为译文的词汇重复衔接。

例［2］

原文：Seamless tubes without joints are made in various ways. A steel tube, for example, can be made by putting **a hot 'billet' or bar of steel** into a vertical round container into which **it** will just slide, and forcing a round punch bar almost through **it**, pressing the steel against the side of the container, and producing a 'bloom', shaped like a bottle, with a closed end.

译文：没有接缝的无缝管可以用各种不同的方法制造。例如，把一块制热的"钢坯"或钢料放进一个刚能滑进去的直立圆形容器中，再用强力将一根冲杆几乎穿透**钢坯或钢料**，从而把钢料挤压到容器的内壁上，制造出一个一端封闭的平行"粗坯"。

原文有两处 it，均指 a hot 'billet' or bar of steel（一块制热的"钢

坯"或钢料），为照应衔接。翻译后两处衔接均发生了变化，第一处的 it 在译文中加以省略，若补充完整则为"把一块制热的'钢坯'或钢料放进一个（它）刚能滑进去的直立圆形容器中"；第二处的 it 则变成了词汇重复衔接，用"钢坯或钢料"再现 it 的内容。

例[3]

原文：If you visit **Jiuzhaigou** during the right time, you may even experience the rotation of four seasons in one day. From the colourful scene to the white appearance, Jiuzhaigou could do it in very short time. **It** is perhaps the ultimate fairyland in China.

译文：如果赶上合适的时机，访问**九寨沟**甚至能在一天之内体验四季的轮转。从色彩缤纷到银装素裹更只需转瞬之间。**九寨沟**可能是中国最后的桃花源。

本例为旅游翻译实例。译者选用词汇重复"九寨沟"取代原文最后的照应衔接 It，调整了译文的衔接手段。

例[4]

原文：The scientists then compared what they saw with computer simulations of the early universe, **which** reveal how dark matter should have been distributed.

译文：科学家随后将观察到的结果与计算机模拟的早期宇宙相比，**计算机模拟**显示出暗物质应该如何分布。

可以看出，原文的关系代词 which 为照应衔接成分，译为汉语后，变为"计算机模拟"，与前文构成重复的词汇衔接关系。

例[5]

原文：Wrought iron is almost pure iron. **It** is not frequently found in the school shop because of **its** high cost. **It** forges well, can easily be bent hot or cold, and can be welded.

译文：熟铁几乎就是纯铁。**熟铁**在校办工厂里不太常见，因为价格昂贵。**熟铁**好锻，很容易热弯和冷弯，还能够焊接。

本例为冶金翻译实例。原文有两处 it，均指代前文的 wrought iron，代词的使用（照应衔接）是为了避免英语叙述的重复。汉语的词汇重复是常用的修辞手段，代词的使用频率相对较低，译文选择将原文的两处 it 均还原为实际所指，译为所呼应的名词。在语法和修辞上，照应常被认为是英语为了避免重复而采用的语言手段。原文的照应衔接突出，译者选择词汇重复衔接，翻译过程后衔接手段发生了改变，更符合目的语的语言表达规范。

例［6］

原文：Sessions on the metaverse and the digital euro drew crowds. But **so did** a barber stall and arcade games lit by 1980s-style neon lights.

译文：元宇宙和数字欧元的会场吸睛无数，装点着20世纪80年代风格霓虹灯的理发摊位和街机游戏也不遑多让。

本例描述了一年一度的 SIBOS 会议。metaverse 为"元宇宙"，digital euro 为"数字欧元"。原文中的 so did 采用了"替代"衔接，替代了前文的 drew crowds。译者可选用汉语的同义词汇衔接，用"不遑多让"与上一句的"吸睛无数"加以对应。

例［7］

原文：**Metallurgical industry** consists of two categories: ferrous metallurgical industry (or iron and steel industry) and non-ferrous metallurgical industry①. **It** is a very important sector of raw material industry②. **It** provides all the sectors of national economy with metal materials③, and **it** is the material foundation of economic development④.

译文：**冶金工业**包括黑色金属冶金工业（即钢铁工业）和有色金属冶金工业两大类，是重要的原材料工业部门，为国民经济各部门提供技术材料，也是经济发展的物质基础。

资料来源：《冶金科技英语口译教程》（2013）46 页。

替代变省略。英语原文包含四个小句，第一个小句的主语为 Metallurgical industry，后面三个小句的主语均用 it，以呼应第一个小句的主语。从衔接手段上来看，属于照应衔接。译文为四个小句，"冶金工业"是第一个小句的主语，后面三个小句与第一句的主语相同，均被省略，属于省略衔接。

根据 Halliday & Hasan（1976）的论述，照应（reference）是衔接的重要手段。其中，指示代词的使用在两种语言中存在差异。具体而言，英语中作指示代词时，that 的使用频率比 this 高，但在汉语中，"这"的使用频率则高于"那"（朱永生等，2001：31）。这便启示译者，英语中的 that 译为汉语后，常常译为"这"，而不是"那"。用来指称前文提到的事务，英语一般用 that，而在汉语中多用"这"。汉语中的"这"可以用来指称刚刚发生的事情，但英语中多用 that。汉语的近指词"这"往往可以用来指称较远的事物／事件，而英语中表示远指的是 that。

例［8］

原文：Many meditative practices simply focus one's attention on the breath. In fact, **this** is a natural object of meditation as the mind can become absorbed into the rhythm of inhalation and exhalation.

译文 1：许多冥想练习只是把注意力集中在呼吸上。事实上，这是冥想的自然对象，因为大脑可以被吸入和呼出的节奏所吸收。

译文 2：许多冥想练习只是将注意力集中在呼吸上。事实上，**呼吸**是天然的冥想对象，因为注意力可以被吸气和呼气的节奏所

177

吸引。

原文的照应衔接 this，翻译后转换为汉语的词汇重复衔接。

9.1.2.2 汉英翻译：词汇重复衔接变为照应或省略衔接

下面来看汉英翻译中衔接手段调整的情况。汉语文本中的重复类词汇衔接手段常常要在译文加以删减，否则便与英语少用重复的语言衔接特点产生冲突。例如：

例〔1〕
　　原文：绿色奥运、人文奥运、科技奥运
　　译文1：Green Olympics, Humanism Olympics and Technology Olympics
　　译文2：Environment-friendly, culture-enriched and technology-propelled Olympics

例〔2〕
　　原文：坚持科学发展、和谐发展、和平发展
　　译文1：Pursue development according to scientific principles, maintain harmony during development and ensure peaceful development
　　译文2：Pursue development based on the scientific approach, harmony and peace

词汇重复是汉语常用的衔接手段和修辞方式。上文例〔1〕和〔2〕中"奥运"和"发展"分别重复了三次，两个例句中的译文1均完全对应原文，若译为Green Olympics, Humanism Olympics and Technology Olympics和Pursue development according to scientific principles, maintain harmony during development and ensure peaceful development，同样重复

了三次Olympics和development，却违背了英语少用重复衔接手段的语言事实。两句中译文2的处理都删减了原文的词汇重复，译文更加简洁、准确。译者应选择恰当的衔接手段，用符合目标语语言规范的话语形式重构原文意义。

例[3]

原文：**改革开放**是亿万人民自己的事业，必须坚持尊重人民首创精神，坚持在党的领导下推进。**改革开放**在认识和实践上的每一次突破和发展，**改革开放**中每一个新生事物的产生和发展，**改革开放**每一个方面经验的创造和积累，无不来自亿万人民的实践和智慧。

译文：Fifth, **reform and opening up** is a cause of the Chinese people. We must respect the people's pioneering spirit and advance **this cause** under the leadership of the Party. Every breakthrough and step forward in theory and practice that we make in **this cause** comes from the experience and wisdom of the people, so does every thing we bring into being and develop, and every experience.

资料来源：《习近平谈治国理政》。

原文四处"改革开放"构成汉语的词汇重复衔接，翻译后转换为英语的照应衔接（this cause）和省略衔接。

汉语中常用的省略衔接，译为英语后也常常需要补出，尤其当省略的成分是句子必不可少的语法成分时。如：

例[4]

原文：高原湖泊沉积物中铜、镍、铅等重金属元素含量低于人类活动频繁区湖泊沉积物。

译文：The content of copper, nickel, lead and other heavy metals in the local lake deposits **is** lower than **those** of lake deposits in places more frequented by humans.

该例为2019年发布的《2018年中国海洋生态环境状况公报》中的一则译例。汉语原文"人类活动频繁区湖泊沉积物"后省略了"中的铜、镍、铅等重金属元素含量",即用到了省略衔接;翻译时如果直接省略,会导致语法错误,用those加以照应,译者将汉语的省略衔接转换为英文的照应衔接,使语法完整、语义连贯。

英语中常用各种照应衔接,译为汉语后往往也需要将照应的具体所指呈现出来。例如:

例[5]

原文:The comparison showed a good match between medium-size lumps of dark matter and starburst galaxies. **It**'s also one that has significant local interest.

译文:对比结果表明,中型暗物质团块与星爆星系有很大的相关性。**这个发现**也具有巨大的本土意义。

原文中的It是英语中常用的照应衔接手段,但若译为"**它**也具有巨大的本土意义"则不符合汉语衔接手段的使用特点。译文给出了It的实际照应的内容,即"这个发现",表义更加明确。从衔接手段的视角比较英汉两种语言的使用特点,有助于学生更敏锐地把握语言差异,并在翻译实践中进行相应的处理。

上文所举的译例多为近程衔接。事实上,翻译中的远程衔接更容易被译者忽视。王东风(2009:171)指出,词汇衔接不仅可以像语法衔接手段那样在近程语境中将两个小句串联起来,还可以超越语法衔接的短距限制,对空间距离相隔较远的小句实行远程串通。这便正是远程衔接。远程词汇衔接通过关键词的复现,可以跨越很长的语篇距离来维持语义关系。相比近程衔接,词汇远程衔接更需要译者的关注。例如,狄更斯小说 *David Copperfield*(《大卫·科波菲尔》)中,有位Micawer先生,略显迂腐,说话时常使用口头禅in short(简而言之),如在Micawer先生出场的第11章和12章中共出现10次,成为解读人物性格的重要语

第9章 语篇意义翻译：衔接手段与译文连贯性的重构

言特征。从语篇意义来看，in short 也在语篇中构成了远程的、非指称性的词汇衔接（即远程衔接），构建了语篇的连贯性。翻译时，译者应识别这一远程衔接特征，每次选用同样的译文"简而言之"，而不易变换，以再现远程衔接所建构的连贯关系。

此外，由于英汉两种语言对衔接手段有不同的倾向性，译者也会适当调整，远程词汇衔接相比原文会有不同程度的改变。

例［6］

原文：这里，我对广大**留学人员**提四点希望。第一，希望**大家**坚守爱国主义精神……不论**留学人员**身在何处……希望广大**留学人员**继承和发扬留学报国的光荣传统……党和国家尊重广大**留学人员**的选择……第二，希望**大家**矢志刻苦学习……希望**广大留学人员**坚持面向现代化、面向世界、面向未来……已完成学业的**留学人员**也要拓宽眼界和视野……第三，希望**大家**奋力创新创造……**留学人员**视野开阔……希望广大**留学人员**积极投身创新创造实践……第四，希望**大家**积极促进对外交流……希望**广大留学人员**充分发挥自身优势……

译文：Here I would like to propose four points as my hope for **Chinese students and scholars studying abroad**. First, I hope **you** will adhere to patriotism…No matter where they are, **Chinese students** should always…I hope that **you** will carry forward the glorious tradition of studying hard to serve the country…The Party and the country respect the choice **you** make…Second, I hope **you** will study hard…I hope that **you** will orient yourselves to modernization, to the whole world and to the future…**Those** who have completed their study programs need to broaden their horizon…Third, I hope **you** will be more innovative and creative… **Students and scholars studying abroad** have a broad vision… I hope **you** will throw yourselves into extensive efforts of innovation and creation…Fourth, I hope **you** will work for dynamic exchanges with other countries…I hope **you** will make full use of your advantages to strengthen connections and exchanges between China and other countries…

资料来源：《习近平谈治国理政》。

原文采用以词汇重复为主的远程衔接，"留学人员"共计出现 9 次，为词汇重复衔接，另有 3 次"大家"，可看作照应衔接；译文则显著降低了词汇重复的比例，Chinese students and scholars studying abroad 的完全重复仅出现 2 次，远低于原文的 9 次，可以说原文词汇衔接的语篇意义在译文发生一定程度的缺失。为了弥补这种衔接缺失，译文转而使用更多的照应衔接，you 共出现 9 次，此外还使用了 1 处 they 和 1 处 those。可以看出，译者重构译文语篇意义时，语法衔接手段尤其是照应衔接的使用十分突出，与原文词汇重复衔接突出不同，更符合目的语中衔接手段的使用倾向。译者了解衔接理论，有助于翻译时更加理性地做出翻译选择，不仅"知其然"，更"知其所以然"，有助于切实提升译者的翻译综合能力。

9.2　翻译中的语义连贯

连贯（coherence）是和衔接密切相关的概念，学界对翻译中的衔接和连贯问题做了诸多有益探索。Blum-Kulka（1986/2000）探究了翻译中的衔接转换和连贯转换，并考察这些转换对译文语篇构建的影响。赵彦春（2002：23）认为，翻译的基本属性是衔接和连贯的映现，即源语语篇和译语语篇对应关系的实现过程，余东（2002）、戴凡（2011）等分析了翻译中的衔接和连贯问题，认为连贯是译文语篇追求的最高境界，而衔接则是为获取连贯而采取的具体手段。王东风（2005）基于语篇分析的视角，指出翻译是原文语篇连贯关系的重构，并着重分析了各类连贯重构所采取的翻译策略。语篇连贯，实际上是语篇接受者根据语境信息和语用知识来把握和领会语篇生产者的意图和目的（胡曙中，2012：243）。翻译作为意义再生和语篇重构过程，译者衔接手段的选择和使用，有助于译文的语义连贯。

9.2.1 增添语法连接，增强语义连贯

例［1］

原文：**Since** auctions become more efficient (yield fairer prices to both buyers and sellers) as the number of buyers and sellers increases, new auction participants are inclined to patronize established auction sites.（高宝虹，2004，p.339）

译文：**既然**买家和卖家的数量越多，拍卖越有效（**因**会产生对买家和卖家都公平的价格），**那么**新加入拍卖的人倾向光顾已有的拍卖网站。

译者可通过增添连接词"既然""那么""因"等语法连接手段，译文表意更为清晰，提升译文的语义连贯性。

例［2］

原文：One recent trend is the blind box, where customers purchase a package from a brand containing unknown products.

译文：盲盒是最近流行的新风潮，消费者购买某个品牌的产品，**却**并不知道盒子里面装的是什么产品。

对比原文和译文，译者增添了转折关系词"却"，使得译文的语义更为连贯。

9.2.2 再现词汇衔接，增强语义连贯

例［1］

原文：Busyness and productivity are not the same thing. **A reasonable level of work** may be beneficial to some: there's a sense of accomplishment after fulfilling responsibilities, and procrastinators sometimes need some pressure to finally begin working. But **too much** can seriously damage our health physically and mentally, worsening work performance along the way. (ellipsis and conjunction) (Balita, 2022, pp.84-85)

译文：繁忙和高效并非一回事。**合理的工作量**可能对一部分人有益：履行职责后会有一种成就感，惯于拖延者有时需要一些压力才能开始工作。但**太多的工作量**又会严重损害我们的身心健康，从而使工作表现越来越糟。

译者有意识地选择衔接手段，前后选择了"合理的工作量"和"太多的工作量"，构成译文的词汇衔接，更增强了译文的语义连贯。

例 [2]

原文：我曾挨过几下"棍子"，说我读书"追求精神享受"。我当时只好低头认罪。我也承认自己确实不是苦读。不过"乐在其中"并不等于追求享受。这话可为知者言，不足为外人道也。（杨绛《读书苦乐》）

译文1：I was "cudgeled" for a couple of times, being reprimanded for reading "to seek spiritual indulgence". At the time, I had to bow down my head and confess my sin, and I have to admit as well that I've never made any painstaking effort in reality. Nevertheless, "enjoying reading" doesn't mean seeking indulgence, whose truth can only be shared with like-minded people, but goes beyond those without similar experiences. （第十八届"韩素音青年翻译奖"参赛译文）

译文2：I was once accused of reading just for pleasure, which I had to acknowledge. And I admit that I do not do such hard reading. However, enjoying oneself while reading is not the same as seeking pleasure from reading. This truth could only be shared with those who have similar experiences, but not with those who don't. (史志康，《中

国翻译》，2006 年第 6 期）

本例取自杨绛先生的《读书苦乐》。原文通过词汇衔接手段实现语义连贯，如"读书——苦读"，"精神享受——乐在其中——追求享受"。译者重构原文意义时可选择不同的词汇衔接手段，译文 1 选用了词汇重复衔接 reading—enjoy reading 以及 spiritual indulgence—seeking indulgence，译文 2 选用的词汇重复衔接为 reading—reading—reading，pleasure—seeking pleasure，两者均有助于译文语义连贯的实现。

初学翻译者常常只注重词语和句子的翻译，忽视译文句子之间的衔接和连贯。单独看译文的各个句子似乎没有问题，但整个段落或篇章读起来支离破碎，前后关系松散或毫无关联。译者若具备相关的语篇知识，有意识地从语篇衔接和连贯的角度精心组织前后句子，译文质量会得到有效提升（吴文安，2015：109）。

9.2.3 明确语义所指，增强语义连贯

例［1］

原文：Mr. Chillip could do nothing after **this**, but sit and look at her feebly, as she sat and looked at the fire, until he was called upstairs again. (*David Copperfield*)

译文：齐利浦先生碰了这样一个钉子以后，没有别的办法，只好坐下，怔怔地瞧着我姨婆，我姨婆就坐在那儿瞧着炉火。这样一直坐到楼上又叫他的时候。（张谷若译）

该例取自狄更斯《大卫·科波菲尔》，此句发生的背景是，大卫的母亲即将临盆，接生医生齐利浦先生主动与大卫姨婆搭讪，却遭到冷遇。原文的 this 正指此事，其使用是为了避免与前文重复。译者根据上文大卫姨婆对齐利浦先生的态度，添加了"碰了这样一个钉子"，明确具体所指，前后的语义衔接更为自然，译语语篇更为连贯。

例 [2]

原文：but I bore it; and even to Peggotty, partly for the love of her and partly for shame, never in any letter (though many passed between us) revealed the truth. (*David Copperfield*)

译文：但是我却咬着牙忍受着；连对坡勾提，一来因为疼她，怕她难过，二来因为可耻，不好意思说，所以都从来没在写给她的信里透露过我的真实情况，虽然我们时常通信。（张谷若译）

原文解释 I bore it 的原因，用了简洁的 partly for the love of her and partly for shame。译文进一步明确语义，解释"我却咬着牙忍受着"的原因时，添加了"怕她难过"和"不好意思说"，再实例化过程中译者识解了比原文更多的语义。这样一来，译文前后衔接更为自然，增强了语义的连贯性。

9.3 翻译练习

请将下列句子译为汉语。

（1）More realistically, going for a walk triple your metabolic rate, and so will cooking, vacuuming and sweeping.

（2）Cooray and his colleagues figured all of this out with data from the William Herschel Telescope.

（3）The handset receives the radio signal from the base, converts it to an electrical signal and sends that signal to the speaker, where it is converted into the sound you hear.

（4）Dutch weather can change from warm and sunny to chilly and wet in the blink of an eye, even in high summer.

（5）The technical possibility could well exist, therefore, of worldwide integrated digital communication network with high capacity, interconnected globally by satellite and submarine, providing（high-speed and reliable）communications throughout the world.

请将下列句子译为英语。

继续搞好天然林保护、防沙治沙、石漠化治理，落实退耕还林后续政策。

第 10 章　语篇意义翻译：主位选择与主位推进模式的重构

依据系统功能语言学的思想，语言的三大元功能中，概念功能用来识解外部世界和内心世界，人际功能用来识解交际世界，而语篇功能则是语篇内部的组篇功能。语篇功能与概念功能有着本质区别。概念功能是指称性的功能，旨在说明传统意义上语言与客观世界之间的关系；语篇功能则是非指称性的，旨在说明语言的内部关系，即语言如何构建语篇、表达意义的使动功能（Matthiessen，1992）。

本章聚焦语篇意义中的主位与主位推进模式翻译时应如何处理，剖析并讨论语篇意义重构中主位的选择与调整。

10.1　翻译中的主位选择与调整

语篇意义通过作为消息的小句加以体现。主位结构包括主位和述位两部分。主位（Theme）是消息的出发点，是小句赖以展开的基础，也是小句关涉的对象。作为消息的小句中，主位之外的剩余部分即为述位（Rheme），述位是发展主位的部分（Halliday，1994：37-38）。小句主位有简单主位和复杂主位之分。简单主位指小句的主位由一个或多个词组或短语组成单一结构成分；复杂主位则包括多重主位、小句主位、主位同等结构、谓语性主位、主位化评论结构（Halliday，1994；Thompson，1996：125-130）等多种类型，其共同特点是主位不再由单一结构成分组成。小句主位的词汇语法体现形式多样，包括名词词组、副词词组、介词短语、小句、特殊结构等。简单主位小句中，如果主位成分同时做主语，则称其为无标记主位（unmarked Theme），否则便为标记性主位（marked Theme）（Halliday，1994：44）。

10.1.1 翻译中主位的保留

上文已指出，主位是消息的出发点，是小句赖以展开的基础。翻译过程中，译者优先选择译文的主位与原文保持一致。

例［1］

原文：**The annual Sibos conference** is the Davos of the payments industry.

译文：**一年一度的SIBOS会议**可谓支付行业的达沃斯论坛。

例［2］

原文：**The basic material for glass fibers** is silicon dioxide.

译文：**玻璃光纤的基础材料**是二氧化硅。

例［3］

原文：**Multiyear averages of growth rates** are expressed as compound annual rates of change.

译文：**增长率的多年平均值**表示为复合年变化率。

例［4］

原文：**Between July and September** a mere six firms graduated to unicorn status, achieving a valuation of $1bn or more, compared with 48 in the same period last year.

译文：**7月至9月间**，只有6家公司进化成独角兽（即估值达到10亿美元或以上），而去年同期为48家。

例［1］—［3］为无标记主位（即主位是主语），翻译时译者同样选择无标记主位，与原文保持一致；例［4］为标记主位（时间状语充当主位），译者同样保留了该主位。标记主位在文学文本中常常具有陌生化效果，翻译时应尤为注意。

例［5］

原文：In came a man of about fifty.
译文 1：一位 50 岁光景的男子走了进来。
译文 2：走进来的是一位 50 岁光景的男人。

例［5］的原文为标记主位，文学文本中常看作是前景化语言。译者若选择译文 1，则将原标记主位转变为无标记主位，前景化语言特征丢失。因此，根据"形式意义统一律"，语言形式体现相应意义，译者应选择译文 2，保留原标记主位。

10.1.2　翻译中主位的调整

因语言表述习惯或行文的需要，翻译过程中也常有译者调整主位或重新选择译文主位的情况。如：

例［1］

原文：**Archaeologists** don't always dig in exciting places either.
译文 1：**考古学家**并非总在令人激动的地方进行发掘工作。
译文 2：**考古学家的发掘现场**也不总是令人激动的地方。

原文的主位为 Archaeologists（考古学家），若保留原主位得到译文 1；若调整主位，变为"考古学家的发掘现场"，则叙述重点发生了变化。

例［2］

原文：**Logistics**, as we know it today, is an essential part of every successful business.

  译文：**每个成功企业**都离不开我们今天所了解的物流。

原文的主位为 Logistics（物流），译文的主位则变为"每个成功企业"，主位的选择发生了变化，调整了译文的叙述起点。

例［3］
  原文：全面深化改革取得重大突破。
  译文：We have made major breakthroughs in deepening reform.

例［4］
  原文：民主法治建设迈出重大步伐。
  译文：We have taken major steps in developing democracy and the rule of law.

上述两例中原文的主位分别为"全面深化改革"和"民主法治建设"，它们均为话题成分，述位是对该话题的陈述；译文中的主位则都变为 We，充当该句的主语，述位是主语对应的谓语结构。原文的话题陈述句在译文变为主谓结构句。这种转换，使得主述位结构发生变化，进而影响译文语篇意义的重构。

有时，主位结构的翻译转换也是出于突出重点的需要。如：

例［5］
  原文：（我们）坚持反腐败无禁区、全覆盖、零容忍。
  译文：**No place** has been out of bounds, **no ground** left unturned, and **no tolerance** shown in the fight against corruption.

原文是省略了主语"我们"的无标记主位句，译者分别选择 no place、no ground 和 no tolerance 充当各个小句主位，且均为标记性主位。此种转换带来了叙述视角的改变，三处否定更突显了反腐斗争的决心和力度，具有强调突出的意义。

10.2 翻译中主位推进模式的选择与调整

相较于主位，主位推进模式更能体现语篇意义。在语篇层面，分析一系列小句的主位即可得到语篇的主位推进模式（Thematic Progression），能够影响小句的信息流动（information flow）。

参照以往学者的相关研究，如 Danes（1974）、Fries（1983，1995）、朱永生（1995）、朱永生和严世清（2001）、胡壮麟等（2005），可总结几种常见的主位推进模式：（1）主位同一推进模式，即不同小句的主位相同，分别引出不同的述位，主位推进呈平行状态，即胡壮麟等（2005：168-169）所说的放射型主位推进；（2）述位同一推进模式，即几个小句的主位不同，但述位一致，胡壮麟等（同上）将其称作聚合型主位推进；（3）线性主位推进模式，即前一小句的述位或部分述位为后一小句的主位，胡壮麟等（同上）将其称作阶梯型主位推进；（4）述位分裂推进模式，即后面小句的主位源于前面小句的述位；（5）派生主位推进模式，即第一个小句提出总主位，后面小句的主位分别是从总主位派出的次主位，或者从综合到具体，或者从整体到局部，体现了不同小句主位之间的逻辑联系；（6）主述位交叉派生推进模式，即后一个小句的主位和述位与前一个小句的主位和述位相互交叉或部分交叉，胡壮麟等（同上）将其称作交叉型主位推进模式。

语篇的主位推进模式是作者交际意图的体现，也是译者构建译文语篇意义的重要依据和参照。译文需要在多大程度上保留原文的主位推进模式，既要考虑到目的语语篇主位推进的特点和规范，又要顾及原文特殊主位及主位推进模式的修辞功用和交际意图。翻译作为意义再生和语篇重构，语篇意义再实例化的重要内容便是译文主位推进模式的重新编排。

10.2.1 翻译中主位推进模式的保留

例[1]

原文：**The oxygen steelmaking process** rapidly refines a charge of molten pig iron and ambient scrap into **steel** of a desired carbon and temperature using high purity oxygen. **Steel is made in** discrete batches called heats.

译文：**氧气转炉工艺**可以用高纯氧迅速将铁水和废钢炼成碳含量和温度合格的**钢水**。**钢水**是分批炼成的，称为炉次。

资料来源：《冶金工程专业英语》，金焱主编。

原文为交叉主位推进模式。本例句介绍了"氧气转炉工艺"，重点介绍 The oxygen steelmaking process（氧气转炉工艺），产物是 steel（钢水），又补充介绍了钢水的名称以及所用转炉的特点，从一个详细的重点信息到两个次要补充信息，由产物 steel（钢水）衔接，逻辑连贯、流畅。

例[2]

原文：Studies serve **for delight**, **for ornament**, and **for ability**. Their chief use **for delight**, is in privateness and retiring; **for ornament**, is in discourse; and **for ability**, is in the judgment and disposition of business. (Francis Bacon "Of Studies")

译文：读书足以**怡情**，足以**傅彩**，足以**长才**。**其怡情也**，最见于独处幽居之时；**其傅彩也**，最见于高谈阔论之中；**其长才也**，最见于处世判事之际。（王佐良译）

原文为典型的述位分裂型推进模式。原文第一句由主位和包含三个信息点（for delight、for ornament 和 for ability）的述位构成，后文依次选用这三个信息点作为叙述的起点，即选做主位。译文也保留了原文的主位推进模式，语篇开展的方式与原文一致。

例 [3]

原文：**Every employed man and woman** in Britain has to pay the State a certain sum of money every week as a compulsory contribution for National insurance and National Health, in return for which the State provides certain allowances and services, e.g. in times of sickness or unemployment. **The contribution** is deducted from salary by **the employer**, who normally holds a card for each of his employees on which he has to stick National Insurance Stamps bought from the Post Office. **These stamps** actually cost considerably more than the amount paid by the employee; **the employer** has to pay the rest. **Self-employed persons** buy their own stamps at special rates.（吴延迪《英国风情录》）

原译：在英国，每一个受雇用的人每个星期都要向国家交纳一笔钱，作为国民保险和国民保健费，而国家则提供某些补贴和服务（如在生病或失业期间）作为回报。这笔钱由雇主从雇员的工资中扣除。每个雇员有一张卡片，通常掌握在雇主手里，雇主从邮局买来国民保险印花，贴在个人的卡片上。这些印花金额远远超过雇员实际支付的钱数，其超出部分由雇主支付。个体户按特别税率购买印花。

改译：英国每位受雇男女员工每周都要向国家**交纳一笔钱**，作为国民保险费和保健费。为回报雇员所交纳的这笔钱，**国家**则提供某些补贴和服务（如在生病或失业期间）。**这笔钱**由雇主从雇员工资中扣除，雇主手中通常掌握着每个雇员的一张**卡片**，**卡片**上贴有雇主从邮局购得的**国民保险印花**。**这些印花**金额远远超过雇员实际支付的钱数，其超出部分由雇主支付。个体经营户按特别税率购买印花。

观察原文的主位，将各个小句的主位及述位中的关键词语提取出来，可以看出原文为主述位交叉派生推进模式，即后一个小句的主位和述位与前一个小句的主位和述位相互交叉或部分交叉。原文的主位推进模式也是语篇发展的脉络。分析原译，原文的主位推进模式未得到很好的体现，各个小句之间的语义存在跳跃。改译的处理，明确了后面小句的主位和述位与前文小句主位和述位的呼应，前后文的叙述相互照应，再现了原文的主位推进模式。

例 [4]

原文：**改革开放**（T_1）是一个系统工程……**改革开放**（T_2）是一场深刻而全面的社会变革，**每一项改革**（T_3）都会对其他改革产生重要影响，**每一项改革**（T_4）又都需要其他改革协同配合。

资料来源：《习近平谈治国理政》。

译文：**Reform and opening up**（T_1）is a systematic project... **Reform and opening up**（T_2）is an in-depth and all-round social transformation. **Every reform**（T_3）will have great impact on other reforms, and **all reforms**（T_4）support each other and interact positively.

原文四个小句的四个主位（Theme，用 T 表示）已分别标出，可看作主位同一推进模式，语篇的展开都是围绕着"改革（开放）"这一内容。翻译时可保留原文的主位推进模式，但考虑到英语词语表达不易重复，第三处主位 T_3 "每一项改革"对应 every reform，第四处主位 T_4 则发生了细微的变化，变为 all reforms，主位推进模式并未改变。

例 [5]

原文：**实现中国梦**必须走中国道路。这就是中国特色社会主义道路。……**实现中国梦**必须弘扬中国精神。这就是以爱国主义为核心的民族精神，以改革创新为核心的时代精神。……**实现中国梦**必须凝聚中国力量。这就是中国各族人民大团结的力量。

译文：**To realize the Chinese Dream**, we must take our own path, which is the path of building socialism with Chinese characteristics. ... **To realize the Chinese Dream**, we must foster the Chinese spirit. It is the national spirit with patriotism at its core, and it is the spirit of the times with reform and innovation at its core. ... **To realize the Chinese Dream**, we must pool China's strength, that is, the strength of great unity among the people of all ethnic groups.

资料来源：《习近平谈治国理政》。

原文为同一主位推进模式，多次重复"实现中国梦"，以推动语篇的进展；译文同样保留了该模式，多次重复 To realize the Chinese Dream，进而推动译文语篇的进展。

10.2.2　翻译中主位推进模式的调整

上节论述了翻译中译者应有意识分析原文主位推进模式，并在译文加以保留的情况。有时，译者也会对主位推进模式加以调整，使得译文的语义更为连贯。如：

例［1］

原文：Discipline means choices. Every time you say yes to a goal or objective, you say no to many more. Every prize has its price. The prize is the yes; the price is the no.

译文1：纪律意味着选择。每当你对一个目标或对象说"是"的时候，同时也对其他更多的目标说"不"。每种奖励都有它的代价，肯定的是奖励，否定的是代价。

译文2：自律意味着有取有舍。每当你选择了某个目标，也就同时舍弃了其他更多目标。每项成绩的获得都要付出代价。成绩来自你的所取，代价就是你的所舍。

比较两个译文。译者若对应原文的表述，译为译文1，前后语义跳跃性较强，译文不够连贯。译文2则围绕着"取"和"舍"展开，形成

"有取有舍——选择——舍弃——所取——所舍"的逻辑推进层次，语义连贯，较好地再现了原文意义。

例［2］

原文：走出杏园玲珑雅致的后门，眼前豁然开朗。湖山亭轩相映成辉，使人顿时产生与大自然融为一体的悠然之感。说到园林，人们首先会关注到水，因为水是灵气的象征、美感的源泉。

译文：Out of the exquisite back door of the Apricot Garden, **visitors** may be surprised by an **open view**: the lake, rockeries, pavilions, and verandas put one back at ease in fantastic natural scenery. **Water views** are indispensable to a garden because they may present **visitors** with inspirations and a sense of beauty.

资料来源：吴文安，2015。

本例介绍了山西晋中的常氏庄园"静园"。原文介绍了静园的园林景观，并将园林的美与人们对高尚志趣的追求结合起来，叙述上略显跳跃。翻译时如果照搬原文的句子，会显得逻辑松散。译者应有意识地在选词上体现出前后衔接，前文如选用 visitors 做主语，后文则同样出现 visitors 加以呼应；前文提到了 open view，后文选用 water views 与之呼应。翻译时译者有意识地选取前后的衔接手段，可以提升译文的语义连贯。

10.3 英语主谓句和汉语话题句的转换

前文讨论了翻译中的主位选择与主位推进模式的重构。英汉/汉英翻译中，主谓句和话题句之间的转换，也是影响主位选择和主位推进模式的重要动因。

李运兴（2011：80）指出，英语和汉语在句子结构上存在重要差别，英语多以 SV（O）为框架的主谓句，而汉语因缺乏严格意义上的形态，句子的谓语和主语常常是陈述与被陈述、说明与被说明的关系，而不必有动作上的支配关系，这便是汉语的话题句。事实上，语言学家对汉语话题句及其特点进行了诸多研究和分析。话题句即"说话人提出一个话题，然后予以评论或说明"（Hockett，1958：201），通常由"话题"和"评论（或说明）"两部分组成。话题句强调话题的确立以及话题和评论的关联，并不对主谓一致或其他语法规则做强制要求。赵元任（1979）详细讨论了汉语的"话题—陈述"结构，认为主语和谓语的关系虽然可以是动作者和动作的关系，但汉语中此类句子比例不大，把主语和谓语当作"话题"和"说明"来看待更为合适。吕叔湘（1982）讨论了汉语的外位成分[①]，比较了汉语和英语的差别："作者先把他心中认为最重要的一个词提出来做句子的主语，然后把其余的部分照原来的次序说出来做句子的谓语——西洋语言里不大容许这种句法，他们仿佛觉得除了被动式外，只有动词的起词才有资格当句子的主语，我们似乎没有这种成见。"此处的"起词"是指动作者，外位成分做主语，实际上正是汉语的话题句。

近年来语言类型学的相关研究（Li & Thompson，1981；徐烈炯、刘丹青，1998，2003；刘丹青，2003，2008），进一步论述了汉语为话题优先型的语序类型。刘晓林、王杨（2012）进一步指出，汉语的主宾语之间对立关系不明显，话题化时不需要复指代词的回指，及物动词变成不及物动词或者强及物动词变成弱及物动词的手段丰富，这些形态句法特点均为汉语的话题优先提供了便利。可见，相比较而言，汉语的话题句更为突出，英语的主谓句更为突出。

上述英汉两种语言的具体差异，同样应该在翻译实践中加以重视，遵循英语主语突出、汉语话题突出的语言特点。李运兴（2001：200）认为，主语和话题之间的相互转换是英汉互译的主导走向之一。徐莉娜（2010）在英汉语对比的基础上，提出汉语主谓句转换为英语话题—说明句的五种模式，总结了克服翻译腔以及提高译文表达效果的方法。综上，翻译过程中应在英语主谓句和汉语话题句之间灵活加以转换，以符合目的语的语言表达规范。既然主语和话题之间的相互转换是英汉互译的主导走向之一，翻译过程中译者应，做好主语和话题的相互转换，这

[①] 外位语通常用逗号或者破折号等隔开，充当句子的主语、宾语或定语，其本位语通常是代词。外位语即使删除，句子结构也不受影响。

尤其表现在主位成分的选择上。

10.3.1 英汉翻译：主谓句转换为话题句

根据上文的论述，英汉翻译中译者可考虑将英语的主谓句变为汉语的话题句加以表述。

例［1］

原文：Various machine parts can be washed very clean and will be as clean as new ones when they are treated by ultrasonics, no matter how dirty and irregularly shaped they may be.

译文：各种机器零件，无论多么脏，也不管形状多么不规则，当用超声波处理后，都可以清洗得非常干净，甚至像新零件一样。

原文英语的表达为主谓句"Various machine parts can be washed very clean and will be as clean as new ones…"。译者将"各种机器零件"做外位成分，即充当话题，后面罗列的多个小句均是对该话题的评论和说明，原文的谓语部分移至最后两个小句"都可以清洗得非常干净""甚至像新零件一样"，译文更符合汉语话题句的表达。

例［2］

原文：Night owls were more sedentary, had lower aerobic fitness levels and burned less fat at rest and while active than early birds.

译文：相比早起者，夜猫子更不爱动，体能更差，无论休息还是活动时燃烧的脂肪都更少。

本例比较了early birds（早起者）和night owls（夜猫子）两种人的不同。原文的主语为Night owls，译文选"夜猫子"做话题，后文用三个评述小句逐一说明夜猫子和早起者的不同。原文的主谓句转换为译文的话题句。

例〔3〕

原文：I was born with a caul, which was advertised for sale, in the newspapers, at the low price of fifteen guineas. (*David Copperfield*)

译文：我带着一层胎膜降生，这一张胎膜，以十五基尼的低价，在报纸上登广告出卖。（董秋斯译）

本例取自狄更斯《大卫·科波菲尔》。原文为主谓句 I was born with a caul，后跟修饰 caul 的定语从句。译文把"这一张胎膜"转为叙述的话题，后跟该话题的评述内容"以十五基尼的低价""在报纸上登广告出卖"，原文的主谓句转换为译文的话题句。

英汉翻译中主语和话题之间的相互转换，将英语的主谓句转换成汉语的话题句，原参与者的修饰语部分变作该话题的说明性陈述，是英汉翻译中的常见做法。更多例证如：

例〔4〕

原文：It was a **stout pale pudding**, **heavy and flabby**, and with great flat raisins in it, stuck in whole at wide distances apart. (*David Copperfield*)

译文：**它家卖的布丁，个头壮实，色气发灰，面发死，样子胖胖囊囊的**，有大个的扁葡萄干儿，整个儿地插在上面，一个一个地离得很远。（张谷若译）

原文中的 pudding 是关系过程中的参与者，译者则将其提前充当话题，后面一系列的陈述成分"个头壮实""色气发灰""面发死""样子胖胖囊囊的"等，都围绕着该话题进行说明评论。译者的选择和调整，符合汉语"话题—陈述"结构的使用，原文的主谓句转换为译文的话题句。

例〔5〕

原文：Both these gifts inevitably **attach**, as they believed, **to** all unlucky **infants** of either gender, born towards the small hours on a Friday night. (*David Copperfield*)

译文：她们相信，凡是不幸生在星期五深更半夜的**孩子**，不论是姑娘还是小子，都不可避免地要**具有**这两种**天赋**。（张谷若译）

原文的主要小句为 gifts attach to infants，译文将原文的 infants 提出充当话题，后面每个小句补充一条相关新信息，为典型的"话题—陈述"结构。

例［6］

原文：But I do not at all complain of **having been kept out of this property**; and if anybody else should be in the present enjoyment of it, he is heartily welcome to keep it. (*David Copperfield*)

译文：**不过这份"家当"**，虽然一直地没能到我手里，我却丝毫没有抱怨的意思，不但如此，万一另有人现在正享受着这份财富，我还热烈地欢迎他好好地把它守住了呢。（张谷若译）

译者采用"话题+陈述"的表达重新识解原文的意义。原文的"这份'家当'"在译文充当话题，后面紧跟着陈述内容"一直地没能到我手里"。同时，将"家当"置于句首，充当标记主位，以吸引读者的注意力，并达到幽默的文学效果。

10.3.2　汉英翻译：话题句转换为主谓句

上节论述了英汉翻译中主谓句转换为话题句的情形。与此类似，汉英翻译中也常常将汉语的话题句转换为英语的主谓句，以满足英语主谓一致等语法规则的要求。

例［1］

原文：这些人有的拉车，有的作小买卖，有的当巡警，有的当

仆人。(《骆驼祥子》)

译文：Among them were rickshaw pullers, peddlers, policemen and servants.

原文的话题为"这些人"，后接对这些人的评述，"有的……，有的……"等。译者将话题句转换为倒装的主谓句。

例［2］

原文：谁家的红白事，我都跑到前面。(《骆驼祥子》)

译文：I have always been the first to chip in towards other people's parties and funerals.

原文为话题陈述句，"谁家的红白事"充当话题，"我都跑到前面"为评述内容。翻译时转换为英语的主谓句。

例［3］

原文：骗钱，他已作惯；出卖人命，这是头一遭。(《骆驼祥子》)

译文：He was long accustomed to cheating people of their money, but this was the first time he had sold a life.

原文分别以"骗钱"和"出卖人命"为话题展开，后接对该话题的评述内容。译文则以主谓结构再现原文内容，译者将原文的话题句转换为英语的主谓句。

例［4］

原文：近年来，实施小流域生态综合治理、坡耕地水土流失综合整治等工程，新增水土流失治理面积1730平方公里。实施三江源、青海湖、祁连山生态保护等工程，每年向下游输送600亿立方米的优质水。

译文：In recent years, **a total of 1,730 sq km of land** have been saved from soil erosion due to the effort invested in small river basin ecological improvement and hillside land soil conservation. Thanks to the ecological protection endeavors at the source of three large rivers, the Qinghai Lake and the Qilian Mountains, 60 billion cu m of quality water is supplied to downstream areas every year.

资料来源：国务院新闻办公室《青藏高原生态文明建设状况》白皮书，2018。

本例中译者同样转换了叙述对象。译文用 1,730 sq km of land have been saved from... 这一主谓结构，具体说明了"水土流失治理"的内涵，从"面积新增"到"土地得以挽救"，用更强势的谓语部分，表明生态治理取得的成就。译者重新选择主位的同时，也调整了译文的语序。

10.4 翻译练习

请将下列句子译为汉语。

（1）We live in a fast-paced world where things change rapidly

（2）Rooms of servers began to replace computer mainframes in the 1990s.

（3）Sustainability-conscious Chinese consumers are most interested in sustainable fashion.

（4）From Netflix binges to Zoom meetings, the coronavirus pandemic significantly increased the amount of screen time in our daily lives.

请将下列句子译为英语。

（1）要加强宏观思考和顶层设计，更加注重改革的系统性、整体性、协同性，同时也要继续鼓励大胆试验、大胆突破，不断把改革开放引向深入。

（2）中国和东盟国家人民勇于变革创新，不断开拓进取，探索和开辟顺应时代潮流、符合自身实际的发展道路，为经济社会发展打开了广阔前景。

第11章　语篇意义重构：译文信息焦点的调整

11.1　信息结构与信息焦点

　　除主位结构外，信息结构也是体现语篇意义的重要内容。信息结构与主位结构之间，既相互联系，又彼此独立。Mathesius（1939）提出了"句子的实际切分"理论，认为有必要把句子的实际切分和形式切分区别开来。形式切分的基本要素是语法主语和语法谓语，而实际切分的基本要素是表达的出发点和表述核心（转引自王福祥、白春仁，1989：10）。这一观点即被称作"功能句子观"（Functional Sentence Perspective）。Firbas（1974，1992）的"交际动态论"（communicative dynamism）进一步发展了"功能句子观"，提出按照句子成分对交际发展的推动作用来定义主位述位。句子成分所承载的交际动力，正是它对交际发展的推动作用。语言分析中交际功能的引入，为语言成分的功能理据奠定了基础。

　　布拉格学派Mathesius的"功能句子观"和Firbas的"交际动态论"直接影响了Halliday的信息结构理论。Halliday（1967）把信息结构从主位结构中独立出来，论述了"已知信息"和"新信息"两个概念，创建了信息结构理论，后来又进行详细论述（1985，1994），以探讨信息结构的构成及其推动语篇组织的作用。

　　"已知信息"（given information）和"新信息"（new information）是信息结构中的两个重要概念。"已知信息"是说话人已知的或可以预测的信息，而"新信息"是不可预测的或说话人将其当作新内容而呈现的信息。已知信息和新信息共同组成信息结构。"信息正是已知内容（或可预测内容）和新内容（或不可预测内容）之间的张力"（Halliday，1994：296）。已知信息与新信息相互作用从而构成信息单位的结构便是小句的信息结构（胡壮麟等，2005：172）。

Halliday（2003：3）把"信息"看作是一种"可以被计算的特殊意义"，各信息成分具有可被计算的、高低不同的信息值。"新信息"比"已知信息"的信息值高，而新信息中的"信息焦点"有时同新信息重合，有时又是新信息中最突出的部分。信息焦点是一种强调是是交际中最想传达的内容，反映了说话人对消息主负重的放置。Halliday & Greaves（2008：204-205）把信息焦点分为"常规焦点"和"标记焦点"。"常规焦点"多指句尾焦点，即信息焦点位于句子末尾；焦点在其他位置的被称作"标记焦点"，一般包括"对比焦点"和"疑问焦点"。翻译中译者应具备功能句子观意识，以更好地呈现新信息和信息焦点。

11.2　翻译中信息焦点的选择与调整

信息焦点即信息单位的焦点所在，是信息单位中的信息高峰值单元。由于新信息往往需要比已知信息陈述得更突出，因此需要用语音表现更重的句尾。这种结构是按句尾重心原则组织起来的。句尾焦点可以看作无标记的信息焦点。但是，英语中有些句子成分后置，并不是因为代表新信息，而是因为太长，太复杂，若不后移就会使句子结构头重足轻。所以，要根据不同情况弄清原文的信息焦点是什么，原文是通过什么方法来突出这一焦点，而译文又应以什么方法来突出这一焦点。

Halliday（1981）曾举例详细论述过英语的信息焦点问题：

A: I thought you had a meeting in Sydney today. What are you doing here?

B_1: They called the meeting off.（他们把会议取消了。）

B_2: They cancelled the meeting.（他们取消了会议。）

从信息结构的角度来看，they 和 the meeting 是已知信息，call off 和 cancel 是新信息。答语 B_1 采用了短语动词 call...off，并将 off 置于句尾，符合信息结构的句尾焦点（尾焦）原则；答语 B_2 是标记信息焦点，因为表达新信息的 cancel 和"取消"没有出现在句尾。翻译时，为了区别 B_1 和 B_2 信息焦点的不同，译者可选用"把"字句对应 B_1，将信息焦点"取消"放置句尾。

Halliday & McDonald（2004：325）进一步论述了此问题。比较以下两个小句的信息结构：

We need to pursue all these allegations.
We need to follow all these allegations up.

第一句中的 pursue all these allegations 为新信息，其中 pursue 为标记信息焦点，第二句的新信息为 follow all these allegations up，其中 up 为非标记（即常规）信息焦点。他们指出，短语动词（phrasal verbs）可用来解决英语中的尾焦问题，即短语动词中的介词或副词置于句尾，占据焦点的常规位置，使之符合信息结构的一般要求。

Halliday 对信息焦点的相关论述给翻译也带来了重要启示：英语短语动词句的翻译，可用汉语的"把"字句加以对应，以实现句尾焦点的表达；汉语的"把"字句翻译为英文，可选用英语的短语动词句，将短语动词中的介词或副词置于句尾，占据焦点的常规位置。然而，具体的翻译实践中，该问题还没有充分引起译者的注意，需要特别关注。试看以下几例：

例［1］
　　原文：众猴**把他围住**（《西游记》第一回）
　　译文：All the other monkeys **crowded round him**

例［2］
　　原文：……就**把美猴王的魂灵儿索了去**……（《西游记》第三回）
　　译文：they **tied up his soul**

例［3］

原文：我……**把你这猢狲剥皮锉骨**，将神魂贬在九幽之处，教你万劫不得翻身！（《西游记》第二回）

译文：…and I'll **tear off your monkey skin**, chop up your bones, and banish your soul to the Ninth Darkness.

例［1］—［3］都是处置义较强的"把"字句，体现处置义的动词短语位于"把"的宾语之后，成为全句的新信息，动词短语中的补语成分居于句末，成为"把"字句的信息焦点，符合信息结构的一般原则。从信息传递的角度看，翻译的过程中也应将译文的动词短语放在句末，但显然这不符合英语的表达习惯。按照上文的分析，这里可采用短语动词（即 V+AD/PREP 型短语动词）译法，将短语动词中的副词或介词放在最后，占据焦点位置，以便同原文的信息结构呼应。例［1］中动词短语部分"围住"是新信息，译文不妨调整为 crowded him round；同理，例［2］不妨改作 tied his soul up；例［3］改作 tear your monkey skin off, chop your bones up。

以下为译文采用短语动词与原句信息结构呼应的例子：

例［4］

原文：那猴王……**把两个勾死人打为肉酱**。（《西游记》第三回）

译文：It only took a slight movement of his arm to **smash the two fetchers of the dead** to pulp.

例［5］

原文：红玉便赌气**把那样子掷在一边**。（《红楼梦》第二十六回）

译文：Xiaohong crossly **threw the patterns aside**.

短语动词句是翻译汉语"把"字句信息结构的优选译法，但此种译法的适用范围有限：一是并非所有"把"字句中的谓语都有对应的短语动词结构，二是若"把"的宾语成分过于复杂，也不宜把短语动词成分拆开使用。

例[6]

原文：The ability to store and retrieve large amounts of data directly to a user's hard disk is important to browser-based applications that want to extend their reach beyond client server interaction.

译文：基于浏览器的应用程序试图具有超出客户端服务器交互范围的功能，对于这些应用程序而言，直接在用户的硬盘上储存和检索大容量数据的能力十分重要。

原文the ability is important to browser-based applications是整个句子的主干结构。to store and retrieve large amounts of data为the ablility的后置定语，directly to a user's hard disk为动词store and retrieve的修饰语，that want to extend their reach beyond client server interaction是applications的后置定语。译文将最重要的信息后置，符合汉语信息焦点后置的特点。

例[7]

原文：The unique feature of all machine shop operations is that the parts are precisely formed to the desired shape and size by removing metal from the workpiece in the forms of chips.

译文1：所有机床车间操作的特别之处在于，零部件是通过以金属碎屑的形式从毛坯上去除材料的方式来精确得到目标的形状和尺寸来制成的。

译文2：机加工的共同特点是以去除多余材料、排出切削屑的方式将毛坯制成形状尺寸精准合规的零件。

这句话的新信息是"机加工的特点是去除材料"，"以切削屑的形式"是描述去除材料的方式,属于重要信息,应该放在主要位置。描述零件加工属于次要信息,放在次要位置。词汇表达要符合行业习惯且简洁有力,如"机加工""共同特点""形状尺寸精准合规"等。汉语少采用嵌套复杂的长句,多使用流水句和短句,比如原译有"通过……方式"和"以……形式"两层嵌套,而译文2只有一层嵌套。

例 [8]

原文:**It is a great pleasure** to be here in Peking and to have this occasion for thanking the Government and the people of China for all the kindness and hospitality which they have shown me.

It was a keen disappointment that I had to postpone the visit which I had intended to pay to China in January.

It was all the more delighted when, as a result of the initiative of your Government, it proved possible to reinstate the visit so quickly.

译文:能够来到北京,并借此机会感谢中国政府和中国人民给予我的盛情款待,**我感到十分愉快**。

我本打算今年1月访问中国,后来不得不推迟,**这曾使我深感失望**。

由于贵国政府的提议,访问得以如此快地实现,**这又使我感到格外高兴**。

原文英语使用It作形式主语,将表达新信息意义的三个小句It is a great pleasured,It was a keen disappointment和It was all the more delighted置于句首。译者调整了信息焦点的位置,先叙述背景,再表达情感,把"我感到十分愉快""这曾使我深感失望"和"这又使我感到格外高兴"放置句末,占据信息焦点的常规位置,突出了原文作者情感的变化历程,语义表达更为连贯。

Martin(2003/2007)讨论了语篇节奏与信息流动,把信息结构从小句层面扩展到语篇层面,提出了段落层面的"超主位"(hyper Theme)、"超新信息"(hyper New)以及篇章层面的"宏观主位"(macro

Theme)、"宏观新信息"（macro New）的概念，并形象地用大波浪和小波浪、大波浪蕴含小波浪的说法阐释主位、超主位、宏观主位以及新信息、超新信息和宏观新信息之间的内在关联。超主位预测下面的内容，超新信息浓缩上面的内容（Martin，2007：195-196）。具体而言，"超主位"可以预测各部分语篇是关于什么的，语篇中新信息的累积在末尾可浓缩概括成"超新信息"。小句内的主位和新信息形成小波浪，段落内的超主位和超新信息形成中波浪，篇章范围内的宏观主位和宏观新信息形成大波浪。宏观主位可以预测各超主位，宏观新信息浓缩概括各超新信息（同上：197）。这种大波浪蕴含小波浪的模式便形成了语篇的层级结构。Martin（2007）进一步指出，不同波浪的信息推动即可形成语篇不同的信息律动。

通常情况下，超主位和宏观主位多是段落和篇章的出发点，而超新信息和宏观新信息多是段落和篇章的结束。"超主位＋超新信息"可看作"超信息结构"，"宏观主位＋宏观新信息"可看作"宏观信息结构"。它们对语篇推动和语义连贯起着至关重要的作用，并在很大程度上得益于词汇整体链条和局部链条的互动。词汇整体链条的互动有助形成"宏观信息结构"，可概括语篇的核心主旨；局部链条的互动有助形成"超信息结构"，可概括段落的核心大意（赵晶，2021：94-95）。

11.3　单一信息原则对译文的制约

以往对语篇元功能翻译的讨论主要集中在主位结构上，对信息结构的关注相对不足。汉语相比英语具有独特的信息组织方式，具体而言，单一信息原则对汉译文经验意义组织方式的影响最为明显。

Chafe（1987，1994）指出，一个语调单位中倾向于只出现一个新信息表现形式，即语言的"单一新信息限制"。此限制同人类认知的局限性相关，表现为信息量在语言韵律单位的分布上，每个语调单位内的新信息总量有一定的限制。汉语中也存在这样的倾向，可将其概括为"单一信息原则"（方梅，2004：76）。它是指口语中存在单一新信息的限制，是制约表达单位大小和繁简的重要因素（同上：155）。说话人表述两个以上的新信息单位时，常常把它们拆开，成为独立的单位，每个单位只出现一个新信息。这也是汉语日常表达中流水句占优势的重要原因，即受到信息单一原则的制约。书面语中的"单一信息原则"虽然不如口语中明显，但翻译中违背此原则的表述欧化特征更明显。

既然汉语存在"单一信息原则"，那么译文重构时，也应考虑到该原则的制约。在无标记情况下，一个小句倾向于只出现一个新信息表现形式。由于每个信息单位都有一个信息焦点，单一信息原则也可看作单一焦点原则。

就经验意义的表达来说，表现为及物性过程的拆分式独立表达，而非及物性过程的套叠。如：

例［1］

原文：But Dora's aunts soon agreed to **regard my aunt as an eccentric and somewhat masculine lady, with a strong understanding**; (*David Copperfield*)

译文1：但是朵拉的两个姑母不久就同意，**把我姨婆看作具有强大理解力的怪僻的富于男性的女人**；（董秋斯译）

译文2：不过朵萝的姑姑们不久就一致认为，**我姨婆是一个古怪人，带一些男子的味道，理性极强**；（张谷若译）

从信息原则来看，译文1的表述方式违背了"单一信息原则"，因为"具有强大理解力的""怪僻的""富于男性的"都是新信息，它们在一个小句中同时出现，属于新信息的叠加使用，信息焦点的表达过于集中。相比之下，译文2更多遵循"单一信息原则"，采取一个小句对应一处新信息的方式，且充当新信息的成分均在陈述部分，依次对"姨婆"的性格特点加以补充，符合汉语信息表达的一般规律。又如：

例［2］

原文：The setting sun was glowing on the strange lady, over the garden-fence, and she came walking up to the door **with a fell rigidity of figure and composure of countenance** that could have belonged to nobody else. (*David Copperfield*)

译文 1：落日在花园篱笆外的陌生女人身上闪光，她**摆着**别人不能有的**恶狠狠硬梆梆的姿态和从容不迫的神情**走向门前。（董秋斯译）

译文 2：那时候，正斜阳满园，漫过园篱，射到来客身上，把她的全身都映得通红。她那时正往屋门那块走去，**只见她那样凌厉硬直地把腰板挺着，那样安详镇静地把脸绷着**，决不会叫人疑惑到别人身上去。（张谷若译）

译文 1 选择及物性小句的连动结构，信息焦点的表达过于集中，增大了译文读者认知加工难度，属于强标记的信息表达；译文 2 则采用散点分离式，每次只增加一个小句，每个小句包含一则新信息，便于译文读者的认知加工，更符合汉语意义组织上的"单一信息原则"。

11.4　翻译练习

（1）"你看，你把我的虾吓跑了！"（《社戏》）

（2）Voltage testers should be checked for correct functioning before use.

（3）我访问了一些地方，遇到了不少人，要谈起来，奇妙的事儿可多着呢。

（4）Ground Penetrating Radar (GPR) does exactly what its name says. It takes radar, and penetrates the ground with it. It's science-y enough to detect features and differences in soil composition.

（5）Forging processes may be classified as unit production with small quantities being made and mass production with large number of identical castings being produced.

（6）With millions of Americans working from home and avoiding socializing outside of their immediate family and close friends, much has been written about plummeting sales for industries that thrive on people going out, like makeup, and clothing retailers.

第12章 语境与意义：翻译中语境对语义的制约

12.1 语境与翻译

语境与翻译密切相关。语境在翻译过程中具有至关重要的作用，译文意义的重构需要充分依赖语境。系统功能翻译观强调在语境中理解语言，注重语言功能。跨语交际中应有意识地消除语境阻隔，积极构建译文语境，便于受众更好地理解和接受。

1885年，德国语言学家魏格纳（P. Wegener）最早提出语境概念，认为语言意义是通过实际使用而产生的，语言意义也只能根据语境才能确定（转引自朱永生，2005：3）。人类学家Malinowski（1923，1935）进一步发展了语境学说，提出"情景语境"（context of situation）和"文化语境"（context of culture）的概念。Halliday借鉴了Malinowski（1923，1935）的思想，并对"情景语境"和"文化语境"的思想做了深入讨论和阐述，认为语境是话语活动的外部环境所具有的特征。情景语境是高于语言系统的符号系统，文化语境是高于情景语境的符号系统。情景语境和文化语境的提出，突破了传统只关注语言本体的局限性，为语言研究开拓了更为广阔的空间。

除了情景语境和文化语境之外，上下文语境同样是翻译时所要考虑的重要因素。Catford（1965）将上下文语境称为"共同语篇"（co-text），指话语活动内部的特征。根据语篇的上下文语境，译者的词汇语法选择也会加以相应调整。尚媛媛（2002）讨论了功能语言学语境理论对翻译的启示和意义，依次分析了文化语境、情景语境和上下文语境对原文和译文语言形式的选择和体现所带来的影响。

传统语言学路径的翻译研究重点关注语言层面，忽视了语言本体之外的语境层面；文化途径的翻译研究摆脱了语言层面尤其是词汇语法层的限制，转而研究翻译所处的文化语境，尤其是意识形态语境，然而对翻译的语言本体又关注不足。系统功能翻译观既关注词汇语法形式（语言本体），又关注情景语境和文化语境（语言外围），可以兼顾文本内的语言层面和文本外的语境层面，弥补了传统语言学派和文化学派翻译研究的不足，提供了微观、中观、宏观为一体的整体性视角，对翻译具有更全面、系统的指导意义。

12.2 上下文语境与翻译

上文已指出，上下文语境指"共同语篇"，是话语活动内部的特征，涉及上下文的内容。上下文语境多注重语篇内部前后的衔接与连贯，翻译时译者应有上下文语境意识，确保段与段之间的句子安排得当，文气贯通，逻辑明晰，注重段落之间的连接和全文的流畅（李运兴，2003）。

例［1］

原文：The fact that Mr. Musk can, in a single week, get into a Twitter spat with the president of Ukraine, in an online discussion forum that he has just agreed to **buy**, while also sending **people** into orbit, demonstrates the extent to which his growing technological superpowers have granted him geopolitical clout.

译文：仅仅一周内，马斯克能在他刚同意收购的Twitter网上和乌克兰总统进行口水战，还能发射载人飞船把航天员送入轨道，表明他与日俱增的技术超能力已赋予他在地缘政治上的影响力。

本例说明了世界首富马斯克借助技术超能力和最为雄厚的资本获得

地缘政治影响力的事实。原文中 buy 和 people 为两处基础词汇的使用，但结合上下文语境，buy 的宾语为 Twitter 网站，并非一般意义上的购买，根据词语搭配习惯，将其译为"收购"。people 的具体所指也并非普通民众，而是通过载人飞船送入轨道的"航天员"。

例 [2]

原文：It is easy to think of the computing cloud as the **placeless whereabouts** of the latest Netflix series, your Spotify playlists, millions of wanton selfies and your digital assistant.

译文：计算机云端往往被看作是用于存放Netflix最新剧集、Spotify播放列表上的歌曲、数百万张自拍照的虚拟空间，个人智能助手也存放于云端。

本句介绍了 the computing cloud（计算机云端）的用途。Netflix 为美国的一家流媒体影视播放平台，Spotify 是一个流媒体音乐服务平台，Netflix 的最新剧集、Spotify 上的歌曲均可存放于云端。原文的 placeless whereabouts 是翻译的难点，根据上下文语境，可将其译为"虚拟空间"。

例 [3]

原文：Parents worried that they may pass on their short stature to their children can rest easy as a new study reveals **nurture is more important than nature** when it comes to a person's height. ... A landmark piece of research has found that more than 12,000 genes are responsible for determining how tall a person becomes, but this hereditary aspect is just 40 percent of the picture. "Additional aspects could potentially include: advancement in healthcare, nutrition, lifestyle and environmental factors," Dr. Marouli said.

译文：担心自己的矮个子会遗传给孩子的父母可以放宽心了，因为新近研究发现，就身高而言，后天因素比先天遗传更重要。……一项具有里程碑意义的研究发现，影响身高的基因超过

1.2万个，然而在决定身高上，遗传因素只占40%。马柔里博士称："其他可能影响身高的方面包括：医疗进步、营养、生活方式和环境因素。"

原文讨论遗传对身高的作用，后文指出"（影响身高的）遗传因素只占40%""其他可能影响身高的方面包括：医疗进步、营养、生活方式和环境因素"。综合上下文语境，更容易理解 nurture is more important than nature 的含义，译者将其翻译为"后天因素比先天遗传更重要"。

例［4］

原文：The **sheer** variety of industries and brands offering blind boxes has caught gen Z's attention. Dozens of brands including Starbucks, McDonald's, Pringles, Amazon and Ikea have jumped on the blind box bandwagon.

译文：各种各样的行业和品牌都在出售盲盒，这引起了Z世代的注意。星巴克、麦当劳、品客、亚马逊和宜家等数十个品牌都加入了盲盒风潮。

原文的 sheer 为多义词，用于强调可表示"纯粹的，完全的"，还可表示"程度深的，数量大的；陡峭的，垂直的"，形容织物时，表示"极薄的，透明的"。分析此句中 sheer 出现的上下文，前文讲到盲盒经济是消费的新风潮，后文又列举了推出盲盒产品的多个品牌。可以判断出此句中的 sheer 为"数量大"之义。因此，译文可处理为"各种各样的产品和品牌。"

例［5］

原文：如果是空枪，俺就依你！

译文：If there's no shot, I'll be your wife.

此例选自著名小小说高手孙方友的优秀作品《女票》，以及中英文

217

作家加拿大籍华人黄俊雄的译文 A Woman Hostage。联系原文的上下文语境，上文中劫匪提道："这里面只有一颗子弹，如果你命大，赶上了空枪，我就娶你为妻。"此处女票的"俺就依你"即同意劫匪前面提到的话，译为 I'll be your wife。

例［6］

原文：……满园中播散着熨帖而微苦的**味道**。**味道**是最说不清楚的，味道不能写只能闻，要你身临其境去闻才能明了。味道甚至是难于记忆的，只有你又闻到它你才能记起它的全部情感和意蕴。所以我常常要到那园子里去。

译文：…the park is pervaded with an **atmosphere** of tranquility and a little bitterness. **Atmosphere** is the most difficult thing to explain. My words can't convey this atmosphere; you have to be there and smell it for yourself. It's hard to remember, too: only when you smell it again will it bring back all the feelings connected with it. And so I must often go back to this park.

本例选自史铁生的《我与地坛》。根据上下文语境，这里的味道是"园子"（即地坛）的味道。"园子"的味道是文学作品中比喻的说法，可选用 atmosphere（氛围）一词加以对应。

12.3　情景语境与翻译

"情景语境"是语篇发生的环境，即语言活动的直接环境（Malinowski，1923）。Halliday（1978）抽象归纳出语境分析的三个变量——语场（field）、语旨（tenor）和语式（mode）。语场是指谈话的主题内容或正在发生的事情，所进行的社会活动的性质，语言所谈及或描述的有关方面；语旨是指一项语言活动中各参与者之间的关系，即说话者与受话者之间的关系；语式是指语言信息传递的方式、渠道或媒介等。通过研究语境和语言的关系，Halliday 阐释了语境变量与元功能的关系，即情景语境的三个变量分别由语言的三大元功能加以体现：语场由经验意义加以体现，语旨由人际意义加以体现，语式由语篇意义加以体现。语场、语旨和语式是语域（register）的构成要素。语域所反映的实际上正是情景语境。译文可看作是原文的语域变体。翻译时译者对意义的解读首先要结合情景语境，词汇语法只有在特定的情景语境下才能确定其体现的意义。

12.3.1 语场与翻译：语场对译文语义的制约

情景语境涉及语篇发生的具体场景、时间、地点、人物、事件等。语场是指谈话的主题内容或正在发生的事情，所进行的社会活动的性质，语言所谈及或描述的有关方面。

以动词 serve 为例，不同的情景语境对应不同的含义：

例［1］
　　原文：Do they serve meals in the bar?
　　译文：酒吧提供用餐吗？

例［2］
　　原文：He served in the army for 20 years.
　　译文：他在部队服役了 20 年。

例［3］
　　原文：He served four years in prison for robbery.
　　译文：他因抢劫，在监狱服刑 4 年。

例［4］
　　原文：It's the opponent's turn to serve.
　　译文：该对方选手发球了。

例［5］

　　原文：He ate two servings of mashed potatoes.

　　译文：他吃了两份土豆泥。

上述几例中的serve出现的情景语境分别为酒吧、部队、监狱、运动场地、餐桌，译者应结合语场的不同选择相应的语义。

例［6］

　　原文：Your new favorite brand is what Google returns to you in 0.0000005 second.

　　译文：耗时仅0.0000005秒，谷歌搜索便推荐了你最中意的新品牌。

例［7］

　　原文：High vaulted rooms with cool uncarpeted floors, great **dogs** upon the hearths for the burning of wood in winter time, and all luxuries befitting the state of a marquis in a luxurious age and country. (*A Tale of Two Cities*)

　　译文：高拱顶的房间内，没铺地毯的地板显得凉爽，冬天烧木材的壁炉台里撑着几个铁架，房间里陈设着一个奢靡时代和国家里适合于侯爵身份的一切奢侈用品。

本例在描述屋内的陈设，原文的great dogs若译为"大狗"，则与该情景语境下的其他内容不相协调。hearth（炉床、壁炉）、burning wood（燃烧的木柴）等词所在的语境可提示译者，这里的dogs指的是"（壁炉里用以支柴等的）铁架"。情景语境会限制词语的意义，译者应重点加以辨别，译文符合原文的语场。

例［8］

　　原文：There was much traffic at night and many mules on the

road with boxes of ammunition on each side of their pack-saddles and gray motor trucks that carried **men**, and other **trucks** with loads covered with canvas that moved slower in the traffic. (*A Farewell to Arms*)

译文：夜间，这里运输繁忙，路上有许多骡子，鞍的两侧驮着弹药箱，灰色卡车里装满了**士兵**，还有些**辎重车**，用帆布盖着，在路上缓缓地行驶。

本例选自海明威的小说《永别了，武器》。考虑到原文的特定情景，即战争背景，译者选词时应尤为谨慎。此句描述了夜间军队向前方输送装备、弹药、物品的车队，因此原文的 men 并非普通"人"，而是即将奔赴战场的"士兵"，trucks 也并非普通"卡车"，而是运输装载装备的"辎重车"。具体的语场会限制词语的意义，译者应根据情景语境做出判断。

例 [9]

原文：If disadvantageous, the **foreign** elements tend to be known as impurities. If advantageous, they tend to be known as alloying elements. Alloying elements are commonly added deliberately in substantial amounts in engineering materials. The result is known as an alloy.

译文：这些外来元素如果是有害的，就将其认定为**杂质**，如果是有益的，就认定为合金元素。工程材料中往往会特意加入一定数量的合金元素，得到的物质即为合金。

资料来源：《机械设计制造及其自动化专业英语（第2版）》，2009。

原文的 foreign 本指"外国的、外来的"，但与 element 搭配在此语境下指"杂质"。

不同专业的翻译中，因专业主题（语场）的不同，对译文的语义具有制约作用。下面以金融专业为例加以说明。

例 [10]

原文：How long does it take to **collect** this cheque?

译文：托收这张支票需多长时间？

此例为金融英语的翻译实例。cheque 此处表示"支票"，collect 原意为"收集，收取"，和 cheque 搭配使用在金融语境中表示"托收"。
long 和 short 除了有"长期""短期"的常规语义（如 long rate 长期利率；short rate 短期利率），在金融领域的情景语境中还有"多头"和"空头"之义。long 指买入资产，涨价后卖出；short 指借来资产卖出，等跌价后再买入，归还资产。

例 [11]

原文：In fact, the reward-to-risk ratio could make those who are **long** a lot of assets view that terribly returning asset called cash as more appealing.

译文：事实上，从风险与回报比率的角度看，那些做多大量资产的人会认为现金更具有吸引力，而现金的回报率是相当低的。

例 [12]

原文：A debt is a **short** cash position——i.e., a commitment to deliver cash that one doesn't have.

译文：债务是一种现金空头，即承诺未来交付现在不具备的现金。

下面再来看汉英翻译的情况。"搞好"为泛义动词，根据特定的情景语境，译者可进行不同的翻译处理。

例 [13]

原文：**搞好**农村扶贫工作

第12章　语境与意义：翻译中语境对语义的制约

译文：**fight** poverty in rural areas

例[14]
原文：**搞好**教师队伍建设
译文：**recruit** a strong corps of capable teachers

例[15]
原文：继续**搞好**农村信用社改革试点
译文：**press ahead with** the trial reform of rural credit cooperatives

例[13]—[14]原文中的泛义动词"搞好"，译者均根据讨论的主题（即特定的语场）明确其具体所指。"搞好扶贫工作"即消除贫困（fight poverty），"搞好教师队伍建设"指招聘精干的教师队伍（recruit a strong corps of capable teachers）。例[15]"继续搞好农村信用社改革试点"译为 press ahead with the trial reform of rural credit cooperatives。

例[16]
原文：有的时候要**抓大放小**、**以大兼小**，有的时候又要**以小带大**、**小中见大**，形象地说，就是要十个指头弹钢琴。
译文：I alternate my attention between major and minor issues, and, to put it figuratively, it is like playing the piano with all ten fingers.

资料来源：《习近平谈治国理政》。

本例摘自习近平的重要讲话。原文用了多处四字词语"抓大放小""以大兼小""以小带大""小中见大"等，概括了领导人的工作方式，还借用形象比喻加以说明"要十个指头弹钢琴"。结合此处情景语境，译者重构了原文的意义，译为 I alternate my attention between major and minor issues。

例〔17〕

原文：总有一部分群众由于劳动技能不适应、就业不充分、收入水平低等原因而面临住房困难，**政府必须"补好位"**，为困难群众提供基本住房保障。

译文：However, there are always people who have housing difficulties due to labor skill mismatch, being out of a job or low income, so **the government must step in** to provide them with basic housing.

"补位"是足球运动和水球运动中的专业术语，指队员之间基于大局、相互配合，英文表达为 fill gap。分析原文的情景语境，此处是在讨论政府如何做好住房保障工作。原文借用"补位"概念，旨在说明政府应积极作为，充分发挥调控作用，为困难群众提供住房保障、解决住房问题。翻译时可选用 step in，表明政府的介入和干预。

例〔18〕

原文：读书钻研学问，当然得下**苦功夫**。为应考试、为写论文、为求学位，大概都得**苦读**。（杨绛《读书苦乐》）

译文1：Reading and studying regularly calls for a painstaking effort, whether it is meant for passing an exam, writing a thesis or pursuing an academic degree.

译文2：Hard work must be done if one tries to learn something by reading. To pass an exam, to complete a paper, or to acquire a degree probably all require such hard kind of reading.

本例为杨绛先生《读书苦乐》一文的开篇。翻译中的难点为"苦功夫"和"苦读"中的"苦"。

现代汉语词典对"苦"的解释如下：**苦** kǔ ①〔形〕像胆汁或黄连的味道（跟"甘、甜"相对）。②〔形〕难受；痛苦。③〔动〕使痛苦；使难受。④苦于。⑤〔副〕有耐心地；尽力地。

上述五个"苦"的义项，①是"苦"的基本义，其他多为引申义。"苦读"中的"苦"应取第五个义项中的"尽力地"，"苦读"是指"刻苦地读、尽全力地读"，强调努力去做这件事，译为bitter并非恰当。bitter除了"味道苦"的基本义外，其引申义为showing or caused by strong unrelenting hostility or resentment，cutting，sarcastic，并没有"尽力地、尽全力"的含义。painstaking表示extremely careful, especially as to fine detail，Thesaurus中列出的同义词有thorough、careful、meticulous、earnest、exacting、strenuous、conscientious、persevering、diligent、scrupulous、industrious、assiduous、thoroughgoing、punctilious、sedulous。可见painstaking也不强调"苦"义，而是指"尽全力、仔细的"，因此"苦读"和"苦功夫"翻译为made painstaking effort恰合其义。

12.3.2 语旨与翻译：语旨对译文语义的制约

语旨是情景语境的另一重要概念，指"谁参与了交际，他们的社会地位以及参与者之间的角色关系"（Halliday & Hasan，1985：12）。可见，语旨是语言活动中各参与者之间的关系。House（2001：249）的翻译质量评估模式扩展了语旨因素的内涵，包括"参与者关系及社会行为、作者的历史地位、社会角色关系和社会态度等"。Hatim & Mason（1990）的语境模式将语旨与语言的正式程度相关联。Bell（1991）的翻译过程模式中，语旨主要体现在正式程度、礼貌性等方面。翻译作为一种跨文化、跨语际的意义再生和语篇重构，翻译中的语旨因素常被忽视，须引起译者更多的关注。

例［1］

原文："我知道，我们粗人，什么也不知道。"（鲁迅《彷徨·离婚》）

译文1："It's because people like us with no schoolin' don't know how things are done."（Lyells译）

译文2："I know, we rough folk are ignorant."（Yangs 译）

本例取自鲁迅的短篇小说《离婚》，讲述了具有蒙昧反抗意识的农村妇女爱姑，想要抗争离婚却幻想破灭的故事。此句为爱姑面对有权势的七大人时说的话，"我们粗人，什么也不知道"，彰显出爱姑的社会地位以及面对七大人时的弱势形象。译者翻译时应考虑到人物地位、身份的差异，译文选词应符合人物的地位身份，相比译文2的选词，译文1的简单用词和句式更能反映爱姑的社会身份。

例[2]

原文："三妹妹到二姨家去串门了，去啦三天啦！小肥猪每天又多加两把豆子，胖得那样你没看见，耳朵都挣挣起来了……"（萧红《手》）

译文1："Third sister's paying a visit to your second aunt: she's been away two or three days. Our pig gets an extra two handfuls of beans everyday: you should see the size of it now and the way its ears stick up..." (Yang, 1969: 39)

译文2: "Third Sister went visitin' over to Second Auntie's and stayed for two or three days! Our little pig has been getting'a couple extra handfuls of beans every day, and he's so fat now you've never seen the like. His ears are standin' straight up." (Goldblatt, 2005: 80)

本例选自萧红的短篇小说《手》，故事讲述了20世纪30年代北方一位染衣匠的女儿王亚明，由于劳作染成了一双黑手，在学校受尽歧视、遭受创伤的故事。本例描述了王亚明的父亲去学校看望她时的一段话。语言活动中参与者之间的社会距离很近，为父女关系。王亚明父亲是位大字不识的染衣匠，从原文的用词（如"挣挣起来"等）可以看出，口语特点突出，重现父女间的亲密对话。译文1的用词及表达较为正式，呈现书面语特点，而译文2则通过多个小短句的使用以及 visitin'、standin' 等口语词的使用，译文更加口语化，符合说话人的社会地位和身份，也切合语言活动参与者社会关系紧密的现实。

例[3]

原文：你命不好，我愿意跟你受罪。她**不知为什么**眼里就闪出了泪花儿。（孙方友《女票》）

译文："You were born with a bad life, but I'm willing to be your wife and suffer with you," she said, tears **mysteriously** welling up her eyes.

整个故事，"男匪"与"女票"之间并没有现代爱情所谓的海枯石烂、海誓山盟，爱情的种子只在他们的内心滋长。而事实上，整篇文章并没有提到"男匪"同"女票"之间的爱情因子，只是用故事的跌宕起伏来表现。这正是作者写作的高明之处。而这句的"不知为什么"其实就给读者做了心里铺垫。"男匪"同"女票"的社会距离相对较远，"'女票'眼里闪出泪花"也是读者意想不到的行为，同时表现出女主人公的善良，突出了主题，译者用 mysteriously 进行对应。

12.3.3 语式与翻译：语式对译文语义的制约

语式指语言交际的媒介和渠道，是口语抑或书面语，是即兴的还是准备的，等等。翻译过程中，译者应充分考虑原文的语式特点，并在译文中加以再现。

例[1]

原文：This is America's day. This is democracy's day. A day of history and hope of renewal and resolve through a crucible for the ages. America has been tested anew and America has risen to the challenge. Today, we celebrate the triumph not of a candidate, but of a cause, the cause of democracy. The people, the will of the people, has been heard and the will of the people has been heeded.

译文：这是属于美国的日子。这是属于民主的日子。这是历史和希望的日子，复苏和决心的日子。美国经过长久以来严酷的考验，已经成为一个崭新的国家，能够直面挑战。今天，我们庆祝的不是一位候选人的胜利，而是一项事业的胜利，民主事业的胜利。人民以及人民的意愿得到倾听，人民的意愿得到关注。

本例取自美国总统拜登的就职演讲。从语式特点上来看，为有准备的口语体表达，原文句子较短，运用了排比、对比等修辞手段，注重受众的接受效果。译文应尽量保持原文的语式特点，同样选用排比小句"这是……，这是……"以及对比表达"不是……，而是……"，以再现就职演讲的话语感染力。

例［2］
原文：够味儿，真他妈够味儿。
译文：Awesome! It's damned awesome.

例［3］
原文：我今日算是等到了对手，就是**栽了**也值得！
译文：I have finally met a real match. It's worth it even if I die.

例［4］
原文：我们不是**花匪**，留不得女人扰人心。
译文：We aren't **lustful bandits** and will not keep a woman to **bother** us.

例［2］至例［4］均选自孙方友的微型小说《女票》。"够味儿""栽了""花匪"都是口语特点突出的词语，且用词符合主人公"男匪"的社会身份。例［2］译文选用了"Awesome! It's damned awesome!"加以对应。"栽了"一般表示"失败或出丑",根据语境这里指被抢打中,因此译文可选用了 die 进行翻译。"花匪"在英文中并无对应的表达,由于小说文体的特点又不宜添加过长的解释性说明,译者的释义 lustful bandits 基本上可以传达原文的信息。

12.4 文化语境与翻译

文化语境指言语行为发生或语篇所涉及的社会文化背景,包括历史传统、文化价值、社会风俗、宗教信仰、思维方式、道德观念、生活习惯等。原文有其所在的社会文化语境,但译文却要面对不同的社会文化语境。译者应充分认识到两种文化语境的差异,并承担桥梁作用,尊重译文的文化语境,并选择为目的语读者所接受和理解的语篇。

12.4.1 文化语境与词义选择

例[1]

原文:Since its beginnings in the work of Alan Turing, the British mathematical genius who **conceived of** the computer, artificial intelligence has been overly **anthropocentric**.

译文1:人工智能的概念最初出现于**设计出**计算机的英国数学天才艾伦图灵的文章之中,自此以后,这个概念**一直过分地以人为中心**。

译文2:**设想出**计算机的英国数学天才艾伦图灵在文章中最早提出人工智能的概念。自此以后,人工智能**一直过分强调人的作用、智力与经验**。

本例的翻译有两处难点 conceived of 和 anthropocentric。第一处 conceived of 如果翻译为"设计出",语言上看没有问题,但联系到计算机发展的历史文化,查阅得知1935年艾论国灵提出计算机的设想时,真正的计算机尚未问世。若译为"设计",则与真实的历史事实不符,因此改为"设想"更为妥当。第二处 anthropocentric 如果翻译为"以人为中心",结合语境来看,该表述的语义并不明确,译者应交代"以人为中心"的具体所指或具体表现。译文 2 将其处理为"强调人的作用、智力与经验",这正是人工智能概念过分强调"以人为中心"的意义,该译文更易于读者的理解。

例 [2]

原文:The past view that the diploma is the **ticket** to a person's first job might no longer be accurate today. (Crawford, 2022: 82)

译文:过去认为文凭是人第一份工作的**敲门砖**,如今这一观点可能不再准确。

原文用 ticket 来比喻文凭对于第一份工作的作用,译者根据目的语文化的特点,选用"敲门砖"加以对应。

例 [3]

原文:Britain's low-growth problem has become more entrenched. Political stability is a precondition of growth, **not a nice-to-have**. Italian governments struggle to get anything done; the same is true of **brief administrations** in Britain. When changes of leader and government are always round the corner, pantomime and personality replace policy.

译文:英国经济低增长的问题越发难解。政治稳定是经济发展的必要前提,**并非可有可无**。意大利政府难以真正完成任何事情,如今**频繁更换首相**的英国政府同样如此。政府和领导人如"走马灯"般频繁更迭,政治闹剧和领导人个性反而掩盖了政策本身。

自 2015 年 5 月英国保守党在大选中获胜并独自组阁以来,已有四位首相先后执政英国(卡梅伦、特蕾莎·梅、鲍里斯·约翰逊和特拉斯)。

这是本例发生的文化语境,译者了解该文化语境才能更好解读 brief administrations in Britain 的真正含义,即"频繁更换首相的英国政府"。

12.4.2 文化负载词的翻译

文化负载词通常指用来表达某种文化特有事物的词(词组)或习语。文化负载词的翻译向来都是翻译的重点和难点。提升文化负载词的翻译能力,须加强相应翻译方法和技巧的训练,通过文化负载词的翻译有效传递文化信息,增进民族交流。下文以汉语文化负载词的英译为例加以说明。

12.4.2.1 音译

随着文化交流的深入和对不同文化接受度的提高,音译法在文化负载词的翻译中得到了越来越多的关注。不少汉语的文化负载词通过音译法收录在了英语辞典中,如:

阴阳Yin-yang、风水fengshui、太极Taichi、道Tao、功夫kungfu、麻将mahjong、馄饨wonton、普通话Putonghua、豆腐toufu、拼音pinyin、炒面chow mein、户口hukou、关系guanxi、红包hongbao、城管chengguan等。

12.4.2.2 直译

文化负载词的识解具有一定的文化依赖性,直译法能给目标受众带来新鲜的语言认知体验。直译可以更有效地保留中国文化的特色,如春卷 spring roll、龙舟 dragon boat、京剧 Peking Opera、唐朝 Tang Dynasty、纸老虎 paper tiger、一带一路 One Belt and One Road 等。

例[1]

原文:我们要敢于啃硬骨头。

译文:We will have the courage to chew tough bones.

例 [2]

原文：中国改革经过30多年，已进入深水区，可以说，容易的、皆大欢喜的改革已经完成了，好吃都吃掉了，剩下的都是难啃的**硬骨头**。这就要求我们……敢于**啃硬骨头**，敢于涉险滩。

译文：Having been pushed ahead for more than 30 years, China's reform has entered a deep-water zone. It can be said that the easy part of the job has been done to the satisfaction of all. What is left are **tough bones that are hard to chew**. This requires us to … **chew tough bones**, and wade through dangerous shoals.

"硬骨头""啃硬骨头"是汉语文化中的常用表达，喻指"极难解决的问题"。改革要"敢于啃硬骨头"，指改革要敢于迎难而上，勇于冲破观念障碍和利益藩篱，有决心解决重重困难并应对各种危险因素。直译为 to chew tough bones，保留了源语文化的喻体形象，能给目标受众带来新鲜的语言认知体验。

12.4.2.3 释译

当源语文化和目的语文化空缺较大时，若一味直译文化负载词，会给目标受众理解带来障碍或负担，有不被接纳的风险，对外翻译的效果也会大打折扣。此时可采用释译法加以处理，即译文解释出原文化负载词的意义内涵，译文清晰易懂。

例 [1]

原文：没有理想信念，或理想信念不坚定，**精神上就会"缺钙"，就会得"软骨病"**。

译文：While an absence of ideals and convictions or wavering in our ideals and convictions will lead to **fatal moral weakness**.

例 [2]

原文：没有理想信念，就会导致**精神上"缺钙"**。

译文：Without ideals and convictions **one's spirit becomes weak**.

"缺钙"原指生物体缺少钙这种重要元素。汉语文化语境中"精神缺钙"喻指理想信念不坚定，没有高尚的道德情操。类似的表达还有"软骨病"等，然而，该文化内涵在英语文化中不具有共通性，考虑到译文的可接受度，译者应根据文化语境的制约，选用释义来说明"缺钙"的意义，以确保目标读者的理解。

例［3］

原文："**大部制**"即为大部门体制，即在政府的部门设置中，将那些职能相近的部门、业务范围趋同的事项相对集中，由一个部门统一管理，最大限度地避免政府职能交叉、政出多门、多头管理，从而提高行政效率，降低行政成本。

译文：Under the system of creating "larger government departments", departments with similar functions and business areas are merged so that they no longer have overlapping functions, formulate their own policies or manage the same areas. This will improve the efficiency of administrative services and reduce administrative costs.

例［4］

原文：国家无论大小、强弱、贫富，都应该做和平的维护者和促进者，不能这边搭台、那边拆台，而应该**相互补台、好戏连台**。

译文：Countries, big or small, strong or weak, rich or poor, should all contribute their share to maintaining and enhancing peace. Rather than **undermining each other's efforts, we should complement each other and work for joint progress**.

"唱戏"是中国百姓熟知的社会活动。补台和拆台最初均用于戏剧领域，现多用其隐喻的说法。"补台"比喻帮助别人把事情做好（《现代汉语词典》：104），"拆台"比喻用破坏手段使人或集体垮台或使事情不能顺利进行（同上：139）。分析原文的语境，此处是在讨论各个国家之间的关系。好的国际关系需要各国互帮互助、实现共赢，"相互补台"，而不是背后搞破坏，"互相拆台"。考虑到"唱戏""补台""拆台"的文化语境差异，翻译时可舍弃此类表达，解释性地翻译出它们所表达的意义。

例[5]

原文：我国能否在未来发展中后来居上、**弯道超车**，主要就看我们能否在创新驱动发展上迈出实实在在的步伐。

译文：We cannot move forward by leaps and bounds unless we do so with innovation.

"弯道超车"是竞技赛车运动中的专业术语，指利用弯道超越对方，对应的英文表达为 corner overtaking。然而，分析原文的语境，此处并非是竞技赛车，而在讨论中国的发展问题。"弯道"可理解为中国未来发展道路上的机遇和关键时期。原文借用"后来居上""弯道超车"的表达，意在说明中国应抓住机遇、奋力赶超。译者可采用释译法，完成了意义的重新识解，选用 move forward by leaps and bounds 加以对应。

12.4.2.4 借译

借译法指从目标文化中借用类似表达，以代替源语中的文化负载词。借用目标文化中受众喜闻乐见的熟知表达，一方面能使译文更加符合目标受众的文化背景，另一方面也能提升目标读者对译文的接受度。

例[1]

原文：金刚不坏之身

译文：diamond-hard bodies

"金刚不坏之身"本为佛教术语。"金刚"指金刚石，是一种极为坚固的矿物，佛经上用来比喻佛的"法身"。译文借用目标文化中的

diamond-hard bodies 表述，对应此说法。

例［2］
原文：躺在过去的功劳簿上
译文：rest on our laurels

"功劳簿"本为记载功勋和劳绩的簿册。后多用于比喻，指过去的功绩。"躺在过去的功劳簿上"指停止前进，沾沾自喜过去的功绩。英文中的习语 rest on our laurels 指"居功自傲"，用来描述一个人满足于目前成就，不求进步。译者借用了英语中的类似表达重构原文的意义，译文更容易被目的语读者接受。

12.4.2.5 省译
以上几种方法均行不通时，可采用省译法，即翻译时对文化负载词省去不译。

例［1］
原文：要落实党委的主体责任和纪委的监督责任，强化责任追究，不能让制度成为**纸老虎、稻草人**。
译文：In combating corruption, Party committees should be duty-bound, while discipline inspection commissions should take on supervisory responsibilities.

"纸老虎"最早为毛泽东同志所用，是具有中国特色的政治隐喻，喻指貌似强大实则虚弱的反动统治者和侵略者。此例活用了该隐喻，"不能让制度成为纸老虎、稻草人"喻指制度应有具体可操作性的办法和跟进的配套措施，不能落空、形同虚设。若其译为 paper tiger 和 scarecrow，难以在目标受众中激发相应的认知文化体验。鉴于该喻义与上下文的表意有重叠，译者选用省译法，确保译文的可读性和流畅度。

例 [2]

原文：全党同志要深刻认识反腐败斗争的长期性、复杂性、艰巨性，以猛药去疴、**重典治乱**的决心，以**刮骨疗毒、壮士断腕**的勇气，坚决把党风廉政建设和反腐败斗争进行到底。

译文：The whole Party must realize that the fight against corruption is a long term, complex, and arduous task. We must be firm in our determination and demonstrate great courage in carrying this campaign through to the end. Just as we would take a heavy dose of medicine to treat a serious disease, we must apply stringent laws to address disorder.

"猛药去疴""重典治乱""刮骨疗毒""壮士断腕"均为富含中国历史文化背景的典故成语，文化语境丰富。翻译时若选用直译或释译，译文会显得臃肿拖沓，且会冲淡论述主题，中断了译文的流畅性。几处隐喻均指反腐斗争的坚定决心和充足勇气。翻译时做了灵活地处理，解释性地翻译了"猛药去疴"，并省去了其他几处内容的翻译。

12.4.3 翻译中文化背景的补充

例 [1]

原文：岳王庙始建于1221年，以纪念南宋爱国将领岳飞。

译文：YueWang Temple was originally built in 1221 in memory of the general, Yue Fei, a patriot of the Southern Song Dynasty (1127—1279).

本例取自旅游景点岳王庙的简介翻译。南宋爱国将领岳飞是中国人熟知的历史人物，但考虑到国外游客对中国的历史文化背景不熟悉，补充了南宋朝代的起始时间。

例 [2]

原文："明者因时而变，知者随世而制。"

译文：As a Chinese saying goes, "A wise man changes his way as circumstances change; a knowledgeable person alters his means as times evolve."

本例取自领导人的讲话，译文增加了小句"As a Chinese saying goes"，为后文引语的出现做铺陈，使得译文行文更为流畅，提升了译文的语篇连贯性，也符合目标受众的认知心理。

例[3]

原文：希望广大留学人员坚持面向现代化、面向世界、面向未来，瞄准国际先进知识、技术、管理经验，以韦编三绝、悬梁刺股的毅力，以凿壁借光、囊萤映雪的劲头，努力扩大知运半径，既读有字之书，也读无字之书，砥砺道德品质，掌握真才实学，练就过硬本领。

译文：I hope that you will orient yourselves to modernization, to the whole world and to the future, and aim to broaden your knowledge in advanced knowhow, technologies and management expertise. You should keep the perseverance and diligence in reading as related in stories of Confucius, Sun Jing and Su Qin, Kuang Heng, and Che Yin and Sun Kang. You should learn by reading and from other people's practical experiences with equal devotion, temper your moral character, and make yourselves competent and well-versed in genuine skills.

资料来源：《习近平谈治国理政》。

原文中引用了多个典故"韦编三绝""悬梁刺股""凿壁借光""囊萤映雪"，说明学习做事的毅力和劲头。这些典故是目标受众所不熟悉的，译者在译文中给出所涉及的历史人物，包括孔子、孙敬、苏秦、匡衡、车胤、孙康，并在每个名字后添加注释，以补充相应的文化背景，帮助受众的理解。

本章的分析表明，上下文语境、情景语境和文化语境对译文意义的重构和语言形式的选择具有重要影响。译者在翻译过程中，应具备多元的语境意识，结合译文的文化语境、情景语境和上下文语境，综合选择相应的译文。

12.5 翻译练习

（1）相声是中国的民间说唱曲艺。

（2）四合院是中国传统民居最重要的形式。

（3）Price and performance are still king.

（4）Among the many limitations associated with manual control machine tools, perhaps none is more prominent than the limitation of operator skills, which is directly related to the quality of the product.

（5）But if you rest on your laurels, an upstart will soon be chasing at your heels.

（6）根据语境确定语义

We all know eating ultraprocessed foods that make our lives easier — such as prepackaged soups, sauces, frozen pizza and ready-to-eat meals — isn't good for our health. Nor is gobbling up all the pleasure foods that we love so much: hot dogs, sausages, burgers, French fries, sodas, cookies, cakes, candies, doughnuts and ice cream, to name just a few.

第 13 章　翻译工具资源

王华树、李智（2020：93-94）指出，在人工智能技术驱动之下，翻译分工日趋细化，社会需求持续增长，翻译技术呈现以下发展趋势：（1）专业化。主要体现在技术工具专业化和领域资源专业化。（2）集成化。集成多种功能的翻译软件可大大提高翻译工作效率。（3）智能化。逐渐发展出自动化程度高，接纳多格式、多类型翻译任务的智能化软件。（4）云端化。翻译技术逐步走向云端化的智能终端。（5）泛在化。翻译技术已不再局限于桌面终端，用户可以通过手持设备、可穿戴设备、其他常规或非常规设备，无障碍地享用相关信息资源。（6）平台化。多种翻译技术不断集成，云端技术不断发展，形成了多功能的翻译平台。（7）生态化。翻译技术成为语言服务生态中的重要组成。

《国家中长期教育改革和发展规划纲要（2010—2020年）》强调必须高度重视信息技术对教育发展的革命性影响；《新一代人工智能发展规划》指出，要通过人工智能促进教育发展，推动教学改革，构建新型的教育体系；《教育信息化2.0行动计划》明确将教育信息化作为教育系统性变革的主要驱动。

王华树（2021）将翻译教育技术定义为对翻译教与学的过程及相关资源进行设计、开发、使用、管理和评价的理论与实践，涵盖翻译教育活动中所采用的一切技术手段和方法，主要目的在于优化教育教学。

随着神经网络机器翻译的迅速发展，机器翻译译后编辑（MTPE）逐渐成为笔译实践的主流模式（王华树、李智，2019：70）。这一翻译实践领域的变化客观上要求革新翻译教学内容和手段。译马网、YiCAT、试译宝等云翻译平台，代表了当前翻译教育技术的最新水平，可以实现角色模拟、师生互动、学习跟踪、人机互评、同伴互评、学习统计等智能化功能（王华树，2021：84）。

　　本章总结常用的一些翻译资源，包括在线翻译工具、翻译类学习网站、翻译类公众号和小程序等，并提供多个专题下的双语检索、信息网站、在线词典、技术标准等，为译者汇总丰富的翻译工具资源。

13.1　翻译工具

腾讯翻译君

https://fanyi.qq.com/

有道翻译

https://fanyi.youdao.com/

必应翻译

https://cn.bing.com/translator/

百度翻译

https://fanyi.baidu.com/

DeepL 翻译器

https://www.deepl.com/translator

翻译在线 - 谷歌在线翻译

http://google.aifanyi.net/

彩云小译

https://fanyi.caiyunapp.com/#/

国内主要翻译软件主要包括 TRADOS、MEMOQ、Linguee、灵格斯词霸、雪人、雅信、东方快车、金山译霸等。灵格斯词霸是一款简明易用的词典与文本翻译软件。在其官网（http://www.lingoes.cn/）上提供了各类词典库，包含不同语种、专业、百科等，用户可以将词典库下载后加载到软件中使用。在专业词典库中，有电脑网络、机械电子、电信通信等，且每一领域下还有多种词库供选择。电脑网络领域下的词库就包含英汉计算机大词典、微软术语翻译表、华为网络通信术语等 7 个词库，译者可以根据具体的领域选择相应的词典库。Linguee（https://www.linguee.com/）是款独特的翻译软件，可在手机端和电脑端使用。Linguee 提供多达 25 种语言之间的双向翻译，同时提供了百万可用的翻译例句，并注明出处。译者可对比参考多个翻译结果给出自己的译文。更多翻译软件可参见《计算机辅助翻译》（钱多秀，2011）。

13.2　翻译类学习网站、语料库及公众号

翻译类学习网站

全国翻译专业资格（水平）考试网
http://www.catticenter.com/

上海市外语口译证书考试网
http://47.95.210.39:9040/portal/

全国商务外语翻译资格考试网
http://www.bett.org.cn/

中国翻译协会
http://www.tac-online.org.cn/

译言
http://auth.yeeyan.com/#/login

口译网
http://www.kouyi.org/forum.php

联译网
http://uncti.net/main/htdocs/

汉英论坛
http://www.bilinguist.com/

北大译坛
http://bbs.pkucat.com/

湘雅医学翻译网
http://www.medtrans.cn/

全国翻译资格认证考试论坛
http://www.naati.com.cn/

ECO 中文论坛
http://www.ecocn.org/bbs/

口译天下
http://www.kouyitianxia.cn

联合国译员网
http://un-interpreters.org/

第13章 翻译工具资源

联合国网

https://www.un.org/

国新办

http://www.scio.gov.cn/index.htm

传译在线

http://itp-online.web-11.com/index.asp

MTI教学资源网

http://mti.fltrp.com/

老王翻译教学网

http://www.teacherwong.com/

国际会议口译员协会

http://www.aiic.net/

国际译联

http://www.china.org.cn/aptif8_cn/2016-05/11/content_38428034.htm

国际医学口译协会

https://www.imiaweb.org/

中国科学院科技翻译译者协会

http://www.sttacas.org

香港翻译协会

https://www.hkts.org.hk/

上海市外事工作者协会
http://www.shwsfy.com/

ASEAN
https://asean.org/

APEC
https://www.apec.org/

翻译类语料库

中华思想文化术语库
https://shuyuku.chinesethought.cn/

中国关键词
http://www.china.org.cn/chinese/china_key_words/index.htm

当代中国特色话语外译传播平台
http://tppckte.org.cn/index.htm

中国特色话语对外翻译标准化术语库
http://www.cnterm.com/index/index.jsp

中国核心语汇
https://www.cnkeywords.net/index

中国译典
http://www.tdict.com/index

中国汉英平行语料大世界
http://corpus.usx.edu.cn/

英国国家语料库（BNC）
https://www.english-corpora.org/bnc/

美国国家语料库（ANC）
http://www.anc.org/

美国当代英语语料库（COCA）
https://corpus.byu.edu/coca/

语料库在线
http://corpus.zhonghuayuwen.org/index.aspx#P0

BCC 语料库
http://bcc.blcu.edu.cn/

翻译类公众号

译·世界
微信公众号：YEEWORLD

翻译天堂
微信公众号：mtiyes

口译网
微信公众号：kouyiorg

语言服务
微信公众号：Language-service

华南翻译市场
微信公众号：sctranslation

中译公司
微信公众号：ctpc_translation

UN 语言人才培训体系
微信公众号：UNLPP_CN

翻译人的自我修养
微信公众号：gh_4266d1163b7d

英文巴士
微信公众号：yingwenbashi

考拉翻译
微信公众号：KaolaFanyi

普特英语听力网
微信公众号：putclub2012

21 世纪英文报
微信公众号：i21stCentury

CATTI 考试资料与资讯
微信公众号：gocatti

中国日报网双语新闻
微信公众号：Chinadaily_Mobile

中国翻译研究院

微信公众号：ChinaTranslationAcad

可可英语

微信公众号：Ikekenet

翻译教学与研究

微信公众号：Fanyiluntan

新东方英语

微信公众号：NOE_XDFYY

复旦外语

微信公众号：fudanwaiyu

英语世界

微信公众号：theworldofenglish

13.3 科技翻译资源

术语在线

http://www.termonline.cn/index.htm

术语在线（http://termonline.cn），由全国科学技术名词审定委员会主办，聚合了全国名词委权威发布的审定公布名词数据库、海峡两岸名词数据库和审定预公布数据库累计45万余条规范术语。覆盖基础科学、工程与技术科学、农业科学、医学、人文社会科学、军事科学等各个领域的100余个学科。

中国规范术语
http://shuyu.cnki.net/

专业英汉—汉英词典
https://zhuanye.911cha.com/

微软语言门户（术语和双语句库）
https://www.microsoft.com/zh-cn/language/Search

郑州大学在线英汉—汉英科技大词典
http://www3.zzu.edu.cn/zzjdict/

中国计算机学会
https://www.ccf.org.cn/

国际人工智能协会
http://www.aaai.org/

CSDN 网站
https://blog.csdn.net/

网上通信词典
http://www.mschsc.com/cidian/

电子工程术语和定义列表
https://www.maximintegrated.com/cn/glossary/definitions.mvp/terms/all

通信词典
https://www.mscbsc.com/cidian/

通信词语解释大全
https://www.mscbsc.com/cidian/word88n

冶金专业汉英词典
zhuanye.911cha.com/list_54.html

CNKI 翻译助手
https://dict.cnki.net/index
CNKI 翻译助手汇集从 CNKI 系列数据库中挖掘整理出的 800 余万常用词汇、专业术语、成语、俚语、固定用法、词组等中英文词条以及 1500 余万双语例句、500 余万双语文摘，形成海量中英在线词典和双语平行语料库。数据实时更新，内容涵盖自然科学和社会科学的各个领域。与一般的英汉互译工具不同，CNKI 翻译助手以 CNKI 总库所有文献数据为依据，不仅提供英汉词语、短语的翻译检索，还可提供句子的翻译检索。不但对每个词给出准确翻译和解释，同时提供大量与翻译搜索项在结构上相似、内容上相关的例句，方便参考并得出最恰当的译文。

中国知网缩略语翻译助手
http://dict.cnki.net/abbr/AA.html

CNKI 工具书库
http://gongjushu.oversea.cnki.net/chn/

中国材料研究学会
http://www.c-mrs.org.cn/cn/

国际材联
https://iumrs.org/

材料专业知识服务系统

http://metal.ckcest.cn/

专利网站

https://patentscope.wipo.int/search/zh/help/data_coverage.jsf

马棚网

http://www.mapeng.net/

马棚网是专门分享机械行业知识和机械英语的网站。在该网站内可以找到一些机械领域的双语文本,作为翻译时可以对照的平行文本。

美国机械工程师协会(ASME)

https://www.asmedigitalcollection.asme.org/

英国机械工程师协会(IMechE)

http://sage.cnpereading.com/

国际自动机工程师学会(SAE International)

https://www.sae.org/

地质类术语词典

http://www.china-shj.org.cn/books

生物医药大词典

http://dict.bioon.com

联合国环境规划署

https://www.unenvironment.org

国际水协会

https://iwa-network.org/

北极星环保网

http://huanbao.bjx.com.cn

环保行业垂直门户网站,可了解大气治理、水处理、固废处理、环境修复等各领域的相关技术、设备、政策、企业等咨询,网页支持关键词搜索。

科学与环境网

http://www.cseindia.org

可以查询生态密度、污染、农业、海洋生态、废物管理和回收及空气净化方面的内容。

环境新闻网

http://www.enn.com

可以查询环保大事记、环境简报等。

中华人民共和国生态环境部

http://www.mee.gov.cn/

中国环博会

http://www.ie-expo.cn/

结　语

翻译教学应该如何教，教什么，一直是长期以来备受关注的问题。翻译教材对翻译教学起着引领和规范的作用。杨自俭（2006）认为，教材编写要有系统性，表现为理论、技巧、知识三位一体，且理论应包括语言学、文体学、翻译学等多学科成果，有机整合各类相关知识。庄智象（2007：139）指出："教材从编写到应用，既是编写者研究成果的体现，也是使用者进行教学的主要材料。"

本教材注重研编结合，将翻译理论与实践融合，力图用通俗易懂的语言，把系统功能翻译观的基本理念引入翻译教学，总结了翻译理论与翻译实践的结合面，注重宏观翻译理念和具体翻译方法的融合，体现出翻译理论对翻译实践切实、有效的指导。系统功能翻译观是指系统功能语言学视域下的翻译观，体现了系统功能语言学的语言观和意义观，突出"选择"和"意义"的思想。系统功能翻译观认为，翻译是一种创建意义的活动，是意义再生和语篇重构的过程。它遵循"形式意义统一律"，主张"形式体现意义，意义驱动形式"。形式是意义的形式，意义是形式的意义。选择不同的词汇语法形式，可以构建不同的意义；同样，为了达到某种意义的构建，词汇语法的选择也不是任意的，无论概念意义、人际意义还是语篇意义的重构，均是如此。

本翻译教材的编写既包括理论知识的讲解，又配备有效的技能训练，让译者做到"知行并举"。翻译理论和翻译教学的结合，一方面应在译者翻译实践的基础上融入理论，另一方面应从理论的高度对翻译实践提供指导，让译者树立"翻译是意义选择""翻译是意义重构和语篇再生"的基本理念。在系统功能翻译观的指导下，以理论和实践的结合面为切入点，展示如何有效化解翻译重点和翻译难点，如何对译文正确选择和取舍，让译者深刻理解选择在译文意义创建中的作用。内容编排力求简洁完整，材料选择具有一定的代表性和科学性，遵循翻译学习规律，例证丰富，取材广泛。书中对经验意义、逻辑意义、人际意义和语篇意义翻译的论述和例证分析，详细呈现了如何在不同的语境中进行词汇语法选择，进而在目的语系统中重构语篇，对翻译过程的描写具有可操作性和启发性。

本书还总结了常用的一些翻译工具，包括在线翻译工具、翻译类学习网站、翻译类公众号等，并提供多个专题下的双语检索、信息网站、在线词典、技术标准等，为译者提供丰富的翻译资源，也为翻译教学提供参考。

附录　翻译练习参考答案

请扫描二维码获取

参考文献

Althumali, S. J. (2021). SFL at the heart of translator training: An experimental case study within applied translation studies. In Kim, M., et al. (eds.), *Systemic functional linguistics and translation studies*. London: Bloomsbury Academic, 165-189.

Baker, M. (1992). *In other words: A coursebook on translation*. London: Routledge.

Barkhudarov, L. (1993). The problem of the unit of translation. In Zlateva P., et al (eds. & trans.), 39-46.

Bell, R. T. (1991). *Translation and translating: Theory and practice*. London & New York: Longman.

Blum-Kulka, S. (1986/2000). Shifts in cohesion and coherence in translation. In J. House & Blum-Kulka. (eds.), *Interlingual and intercultural communication: Discourse and cognition in translation and second language acquisition studies*. Tübingen: Gunter Narr, 17-35.

Boase-Beier, J. (2011). *A critical introduction to translation studies*. London & New York: Continuum.

Caffarel, A., Martin, J. R. & Matthiessen, C. M. I. M. (eds.). (2004). *Language typology: A functional perspective*. Amsterdam: John Benjamins.

Calzada Pérez, M. (2007). *Transitivity in translating: The interdependence of texture and context*. Bern: Peter Lang.

Catford, J. C. (1965). *A linguistic theory of translation*. Oxford: Oxford University Press.

Chomsky, N., & Morris, H. (1968). *The sound pattern of English*. New York: Harper & Row.

Dale, N., & Lewis J. (2014). *Computer science illuminated* (6th ed.). Burlington, MA: Jones & Bartlett Learning.

de Souza, L. M. F. (2010). *Interlingual re-instantiation: A model for a new and more comprehensive systemic functional perspective on translation*. Ph.D dissertation. University of Florianólolis.

de Souza, L. M. F. (2013). Interlingual re-instantiation: A new systemic functional perspective on translation. *Text & Talk*, 33(4-5): 575-594.

Fall, K., & Steven, W. (2012) . *TCP/IP Illustrated (Vol. 1): The Protocols* (2nd ed.). Beijing: China Machine Press.

Fawcett, P. (1997). *Translation and language: Linguistic theories explained*. Manchester: St. Jerome.

Firbas, J. (1974). Some aspects of the Czechoslovak approach to problems of functional sentence perspective. In Daneš, F. (ed.), *Papers on Functional Sentence Perspective*. Prague: Academia,11-37.

Firbas, J. (1992). *Functional sentence perspective in written and spoken communication*. Cambridge: Cambridge University Press.

Gambier, Y. & Doorslaer, L. V. (eds). (2010). *Handbook of translation studies*. Amsterdam & Philadelphia: John Benjamins.

Goldblatt, H. (trans.) . (2005). *The Dyer's daughter: Selected stories of Xiao Hong*. Hong Kong: The Chinese University Press.

Halliday, M. A. K. (1978). *Language as social semiotic: The social interpretation of language and meaning*. London: Edward Arnold.

Halliday, M. A. K. (1994). *An introduction to functional grammar* (2nd ed.) London: Edward Arnold.

Halliday, M. A. K. (2001). Toward a theory of a good translation. In Steiner, E. & Yallop, C. (eds.). *Exploring Translation and Multilingual Text Production: beyond content*. Berlin & New York: Mouton de Gruyter, 13-18.

Halliday, M. A. K., & Matthiessen, C. M. I. M. (2004). *An introduction to functional grammar* (3rd ed.). London: Arnold.

Halliday, M. A. K., & C. M. I. M, Matthiessen. (2014). *Halliday's introduction to functional grammar* (4th ed.). London: Arnold.

Halliday, M. A. K., & Greaves, W. S. (2008). *Intonation in the grammar of English*. London & Oakville: Equinox.

Halliday, M. A. K. & Hasan, R. (1976). *Cohesion in English*. London & New York: Longman.

Halliday, M. A. K. & Martin, J. R. (1993). *Writing science: Literacy and discursive power*. London & Washington D. C.: Falmer Press.

Halliday, M. A. K. & McDonald, E. (2004). Metafunctional profile of the grammar of Chinese. In A. Caffarel, J. R. Martin & C. M. I. M. Matthiessen. (eds.), *Language typology: A functional perspective*. Amsterdam & Philadelphia: John Benjamins, 305-396.

Halliday, M. A. K. (1975). *Learning how to mean: Explorations in the development of Language*. London: Edward Arnold.

Halliday, M. A. K. (1985). *An introduction to functional grammar*. London: Edward Arnold.

Halliday, M. A. K. (1992). Language theory and translation practice. *Rivista internazionale di tecnica della traduzione* 0:15-22.

Halliday, M. A. K. (1995/2002). On grammar and grammatics. In M. A. K. Halliday, J. J. Webster (ed.), *The collected works of M. A. K. Halliday (Vol. 1). On grammar*. London & New York: Continuum, 384-417.

Halliday, M. A. K. (2003). On the "architecture" of human language. In M. A. K. Halliday, J. J. Webster (ed.), *On language and linguistics. The collected works of M. A. K. Halliday (Vol. 3)*. London & New York: Continuum, 1-29.

Halliday, M. A. K. (2008). Working with meaning: Towards an appliable linguistics. In J. J. Webster (ed.), *Meaning in context: Implementing intelligent applications of language studies*. London & New York: Continuum, 7-23.

Halliday, M. A. K. (2009a). The glossy ganoderm: Systemic functional linguistics and translation. *Chinese Translators Journal* 1:17-26.

Halliday, M. A. K. (2009b). Methods-techniques-problems. In M. A. K. Halliday, & J. J. Webster. (eds.), *Continuum companion to systemic functional linguistics*.

London & New York: Continuum. 59-86.

Halliday, M. A. K. (2010). Pinpointing the choice: Meaning and the search for equivalents in a translated text. In A. Mahboob & N. Knight (eds.), *Appliable linguistics: Texts, contexts and meanings*. London & New York: Continuum, 13-24.

Halliday, M. A. K., & Hasan, R. (1976). *Cohesion in English*. London & New York: Longman.

Halliday, M. A. K., & Hasan, R. (1989). *Language, text and context: Aspects of language in a social-semiotic perspective* (2nd ed.). London: Oxford University Press.

Halliday, M. A. K., & Matthiessen, C. M. I. M. (1999). *Construing experience through meaning: A language-based approach to cognition*. London & New York: Continuum.

Halliday, M. A. K., & McDonald, E. (2004). Metafunctional profile of the grammar of Chinese. In A. Caffarel, J. R. Martin & C. M. I. M. Matthiessen. *Language typology: A functional perspective*. Amsterdam & Philadelphia: John Benjamins, 305-396.

Hatim, B., & Mason, I. (1990). *Discourse and the translator*. London & New York: Longman.

Hatim, B., & Mason, I. (1997). *The translator as communicator*. London & New York: Routledge.

Hatim, B., & Munday, J. (2004). *Translation: An advanced resource book*. London & New York: Routledge.

Hockett, C. F. (1958). *A course in modern linguistics*. New York: MacMillan.

Holmes, J. (1988). The name and nature of translation studies. In Holmes, J. (ed.), *Translated! Papers on literary translation and translation studies*. Amsterdam: Rodopi, 67-80.

House, J. (1977). *Translation quality assessment*. Tübingen: Narr.

House, J. (1997). *Translation quality assessment: A model revisited*. Tübingen: Narr.

House, J. (2001a). How do we know when a translation is good? In E. Steiner & C.

Yallop (eds.), *Exploring translation and multilingual text production: Beyond content*. Berlin: Mouton de Gruyter, 127-160.

House, J. (2001b). Translation quality assessment: Linguistic description versus social evaluation. *META* 46: 243-257.

Jakobson, R. (1959/2000). On linguistic aspects of translation. In Venuti (ed.), *The translation studies reader*. London & New York: Routledge, 113-18.

Jakobson, R. (1960). *Linguistics and poetics*. In Sebeok, T. (ed.), Style in language. Cambridge: Massachusetts Institute of Technology Press, 350-377.

Jakobson, R., & Pomorska, K. (1983). *Dialogue*. Cambridge: Cambridge University Press.

Kim, M., & Matthiessen, C. M. I. M. (2015). Ways to move forward in translation studies: A textual perspective. *Target*, 27(3): 335–350.

Kim, M., Munday, J., Wang, Z. H., & Wang, P. (eds.) (2021). *Systemic functional linguistics and translation studies*. London: Bloomsbury Academic.

Koller, W. (1995). The concept of equivalence and the object of translation studies. *Target* 7: 191-222.

Lefevere, A. (1992/2016). *Translation, rewriting and the manipulation of literary fame*. London & New York: Routledge.

Li, C., & Thompson, S. (1981). *Mandarin Chinese: A functional reference grammar*. Berkeley & Los Angeles: University of California Press.

Li, E. S. (2007). *A systemic functional grammar of Chinese—A text-based Analysis*. London & New York: Continuum.

Lyons, J. (1977). *Semantics*. Cambridge: Cambridge University Press.

Malinowski, B. (1923). The problem of meaning in primitive languages. Supplement Ⅰ to C. K. Ogden & I. A. Richards (eds.). *The meaning of meaning*. New York: Harcourt Brace.

Malinowski, B. (1935). An ethnographic theory of language. *Coral gardens and their magic*. Vol. Ⅱ (Part Ⅳ). London: Allen & Unwin.

Malmkjaer, K. (1998). Unit of translation. In Baker, M. (ed.), *Routledge encyclopaedia of translation studies*. London: Routledge.

Malmkjaer, K. (2002). Translation and linguistics: What does the future hold? In Alessandra Riccardi (ed.), *Translation studies: Perspectives on an emerging discipline*. Cambridge: Cambridge University Press, 111-119.

Malmkjaer, K. (2005). *Linguistics and the language of translation*. Edinburgh: Edinburgh University Press.

Manfredi, M. (2008). *Translating text and context: Translation studies and systemic functional linguistics (Vol. 1): Translation Theory*. Bologna: Dupress.

Martin, J. R. & White, P. (2005). *The language of evaluation: Appraisal in English*. Hampshire & New York: Macmillan.

Martin, J. R. (1992). *English text: System and structure*. Amsterdam: Benjamins.

Martin, J. R. (2003/2007). *Working with discourse: Meaning beyond the clause*. London & New York: Continuum.

Martin, J. R., & White, P. (2005). *The language of evaluation: Appraisal in English*. Hampshire & New York: Macmillan.

Martin, J. R., & Rose, D. (2007). *Working with discourse: Meaning beyond the clause* (2nd ed.). London & New York: Continuum.

Martin, J. R., & Rose, D. (2008). *Genre relations: Mapping culture*. London: Equinox.

Martin, J. R., et al. (2010). *Deploying functional grammar*. Beijing: The Commercial Press.

Matthiessen, C. M. I. M. (1992). Interpreting the textual metafunction. In Davies, M. & Ravelli, L. (eds.), *Advances in systemic linguistics: Recent theory and practice*. London & New York: Pinter Publishers, 37-81.

Matthiessen, C. M. I. M. (2001). The environments of translation. In Steiner, E. & Yallop, C. (eds.), *Exploring translation and multilingual text production: Beyond content*. Berlin & New York: Mouton de Gruyter, 41-126.

Matthiessen, C. M. I. M. (2005). The "architecture" of language according to systemic functional theory: Developments since the 1970s. In Hasan, R., Matthiessen, C. M. I. M., & Webster, J. (eds.), *Continuing discourse on language: A functional perspective*. London: Equinox, 505-561.

Matthiessen, C. M. I. M. (2004). Descriptive motifs and generalizations. In A. Caffarel *et al.* (eds.), *Language typology: A functional perspective*. Amsterdam & Philadelphia: John Benjamins, 537-673.

Matthiessen, C. M. I. M., Teruya, K., & Lam, M. (2010). *Key terms in systemic functional linguistics*. London & New York: Continuum.

Munday, J. (2001/2008). *Introducing translation studies: Theories and applications*. London & New York: Routledge.

Munday, J. (2007). Translation and ideology: A textual approach. *The Translator* 2: 195-217.

Munday, J. (2012). *Evaluation in translation: Critical points of translator decision-making*. London & New York: Routledge.

Neubert, A., & Shreve, G. M. (1992). *Translation as text*. Kent: The Kent State University Press.

Newmark, P. (1987). *A textbook of translation*. Prentice Hall: Hertfordshire.

Newmark, P. (2001). *Approaches to translation*. Shanghai: Shanghai Foreign Language Education Press.

Nida, E. A. (1964). *Towards a science of translating: With special reference to principles and procedures involved in bible translating*. Leiden: E. J. Brill.

Nida, E. A., & Taber, C. R. (1969). *The theory and practice of translation*. Leiden: E. J. Brill.

Nord, C. (2018). *Translating as a purposeful activity: Functional approaches explained* (2nd ed.). London & New York: Routledge.

Reiss, K. (1977/1989). Text types, translation types and translation assessment. In Andrew Chesterman (ed. & trans.), *Readings in translation theory*. Finland: Oy Finn Lectura Ab, 105-115.

Shuttleworth, M., & Cowie, M. (1997). *Dictionary of translation studies*. Manchester: St. Jerome Pub.

Snell-Hornby, M. (1995). *Translation studies: An integrated approach*. Revised Edition. Amsterdam & Philadelphia: John Benjamins.

Steiner, E. (2005). Halliday and translation theory: enhancing the options, broadening the range and keeping the ground. In R., Hasan, C. M. I. M., Matthiessen, & J. Webster, (eds.), *Continuing discourse on language: A functional perspective*. London & Oakville: Equinox, 481-500.

Steiner, E., & Yallop, C. (eds.). (2001). *Exploring translation and multilingual text production: Beyond content*. Berlin & New York: Mouton de Gruyter.

Taylor, C. (1998). *Language to language: A practical and theoretical guide for Italian/English translators*. Cambridge: Cambridge University Press.

Thompson, G. (1996). *Introducing functional grammar*. London: Edward Arnold.

Toury, G. (2012). *Descriptive translation studies and beyond*. Revised edition. Amsterdam & Philadelphia: John Benjamins.

Tymoczko, M., & Gentzler, E. (2002). *Translation and power*. Amherst: University of Massachusetts Press.

Vinay, J. P., & Darbelnet, J. (1958). *Stylistique comparée du français et de l'anglais: Methode de traduction*, Paris: Didier, In J. C Sager, & M. J. Hamel, (eds) *Comparative stylistics of french and english: A methodology for translation*, Amsterdam & Philadelphia: John Benjamins.

Wang, B., & Ma, Y. Y. (2021). *Systemic functional translation studies: Theoretical insights and new directions*. London: Equinox.

Wang, B. H., & Munday, J. (eds.). (2021). *Advances in discourse analysis of translation and interpreting: Linking linguistic approaches with socio-cultural interpretation*. London & New York: Routledge.

White, P. R. R., & Thompson, E. (2008). Analyzing journalistic discourse. In E., Thompson, & P. R. R. White, (eds.), *Communicating conflict: Multilingual case studies for the news media*. London: Continuum.

Wills, W. (2001). *The science of translation: Problems and methods*. Shanghai: Shanghai Foreign Language Education Press.

Yallop, C. (2001). The construction of equivalence. In E., Steiner, & C. Yallop, (eds.), *Exploring translation and multilingual text production: Beyond content*. Berlin & New York: Mouton de Gruyter, 229-248.

Yang, G. (Trans.). (1969). Hands. *Chinese Literature* 8: 36-52.

参考文献

Kevin, R. F., Stevens, W. R. TCP/IP 详解卷 1：协议（吴英、张玉、许昱玮译），（2016）. 北京：机械工业出版社.

王东风，（2009），连贯与翻译. 上海：上海外语教育出版社.

赵元任，（1968/1979），汉语口语语法. 吕叔湘译. 北京：商务印书馆.

徐烈炯、刘丹青，（1998），话题的结构与功能. 上海：上海教育出版社.

徐烈炯、刘丹青，（2003），话题与焦点新论. 上海：上海教育出版社.

杨仕章，（2006），语言翻译学. 上海：上海外语教育出版社.

巴尔胡达罗夫，（1985），语言与翻译. 蔡毅等译. 北京：中国对外翻译出版公司.

陈宏薇、李亚丹，（2004），新编汉英翻译教程. 上海：上海外语教育出版社.

程晓堂，（2005），基于功能语言学的语篇连贯研究. 北京：外语教学与研究出版社.

戴若愚等，（2012），科技翻译. 北京：外语教学与研究出版社.

樊昌信，（2018），通信工程专业导论. 北京：电子工业出版社.

王福祥、白春仁，（1989），话语语言学论文集. 北京：外语教学与研究出版社.

樊宇韬等，（2021），通信科技英语缩写词的特点与规律，中国科技翻译，（2）：9-12.

张志慧、刘常民，（2011），国外科技产品名称的翻译策略——以汉化软件名零翻译为例，中国科技翻译，（4）：24-26.

张健，（2013），外宣翻译导论. 北京：国防工业出版社.

姜望琪，（2011），语篇语言学研究. 北京：北京大学出版社.

龙日金、彭宣维，（1981/2012），现代汉语及物性研究. 北京：商务印书馆.

周晓康，（1990/2008），从及物性系统看汉语动词的语法—语义结构. 胡壮麟（编），语言系统与功能（pp.102-118）. 北京：北京大学出版社.

赵彦春，（2002），翻译中衔接—连贯的映现，外语与外语教学，（7）：23-27.

余东，（2002），衔接、连贯与翻译之关系研究，博士学位论文. 天津：南开大学.

戴凡，（2011），时间衔接在 *Three Days to See* 中的文体意义与翻译，中国翻译，（6）：60-63.

王东风，（2005），小说翻译的语义连贯重构，中国翻译，（3）：37-43.

方梦之,(2004),译学辞典.上海:上海外语教育出版社.

傅雷,(1951),《高老头》重译本序,载《翻译通讯》编辑部编,翻译研究论文集(1949—1983).北京:外语教学与研究出版社,80-81.

高宝虹,(2004),信息科学.武汉:华中科技大学出版社.

郭锐,(2002),现代汉语词类研究.北京:商务印书馆.

侯向东,(2008),冶金专业英语.北京:冶金工业出版社.

胡曙中,(2012),语篇语言学导论.上海:上海外语教育出版社.

胡显耀、曾佳,(2009),用语料库考察汉语翻译小说定语的容量和结构,解放军外国语学院学报,(3):61-66.

方梅,(2004),从章法到句法——汉语口语后置关系从句研究.中国社科院语言研究所、《中国语文》编辑部(编),庆祝《中国语文》创刊50周年学术论文集(pp.70-78).北京:商务印书馆.

方平,(2005),翻译教材编写应突出"实践性",教材周刊(卷号),04-14.

朱永生,(2005),语境动态研究.北京:北京大学出版社.

胡裕树,(2001),现代汉语.上海:上海教育出版社.

胡壮麟,(1995),语篇的衔接与连贯.上海:上海外语教育出版社.

黄国文,(2004),翻译研究的功能语言学途径,中国翻译,(5):15-19.

黄国文,(2006),翻译研究的语言学探索:古诗词英译本的语言学分析.上海:上海外语教育出版社.

黄国文,(2009a),系统功能语言学研究中的整合,中国外语,(1):17-23.

黄国文,(2009b),语法隐喻在翻译研究中的应用,中国翻译,(1):5-9;92.

黄国文,(2015),"译意"和"译味"的系统功能语言学解释,外语教学与研究,(5):732-742;800-801.

黄忠廉,(2002),变异理论.北京:对外翻译出版公司.

黄忠廉、李亚舒,(2007),科学翻译学.北京:中国对外翻译出版公司.

贾文波,(2004),应用翻译功能论.北京:中国对外翻译出版公司.

金焱,(2016),冶金工程专业英语.北京:化学工业出版社.

康志洪,(2012),科技翻译.北京:外语教学与研究出版社.

李克兴,(2007),英语法律文本中主要情态动词的作用及其翻译,中国翻译,(6):54-60.

李运兴，(2001)，语篇翻译引论．北京：中国对外翻译出版公司．

李运兴，(2003)，英汉语篇翻译．北京：清华大学出版社．

李运兴，(2011)，英汉语篇翻译（第3版）．北京：清华大学出版社．

李长栓，(2012)，非文学翻译理论与实践．北京：中译出版社．

杨雪燕，(2003)，语篇翻译与翻译教学，中国翻译，(5)：59-64.

连淑能，(2006)，英译汉教程．北京：高等教育出版社．

连淑能，(2010)，英汉对比研究（增订本）．北京：高等教育出版社．

林语堂，(1933)，论翻译，《翻译通讯》编辑部编，翻译研究论文集（1894—1948）．北京：外语教学与研究出版社．

林玉鹏，(2002)，标记理论和文学翻译的风格标记，中国翻译，(5)：71-76.

张国宪，(2006)，性质形容词重论，世界汉语教学，(1)：5-17.

刘丹青，(2003)，语言类型学与汉语研究，世界汉语教学，(4)：5-12.

刘丹青，(2008)，语法调查研究手册．上海：上海教育出版社．

刘丹青，(2010)，汉语是一种动词型语言——试说动词型语言和名词型语言的类型差异，世界汉语教学，(1)：3-17.

刘季春，(2001)，调查与思考——谈建立我国翻译教材的新体系，中国翻译，(4)：49-53.

刘季春，(2016)，实用翻译教程（第三版）．广州：中山大学出版社．

刘宓庆，(2005)，中西翻译思想比较研究．北京：中国对外翻译出版公司．

刘宓庆，(2006)，新编汉英对比与翻译．北京：中国对外翻译出版公司．

刘晓林、王杨，(2012)，略论为什么现代汉语发展成为话题优先型语言，语言研究，(1)：21-26.

刘兆毓、郑家农，(2010)，计算机英语实用教程．北京：清华大学出版社．

龙日金、彭宣维，(2012)，现代汉语及物性研究．北京：商务印书馆．

罗新璋，(1984)，翻译论集．北京：商务印书馆．

罗新璋，(1984)，我国自成体系的翻译理论，载罗新璋编，《翻译论集》．北京：商务印书馆，1-19.

罗新璋、陈应年，(2009)，翻译论集（修订本）．北京：商务印书馆．

罗选民，(1992)，论翻译的转换单位，外语教学与研究，(4)：32-37.

吕叔湘，(1982)，中国文法要略．北京：商务印书馆．

马庆芬、刘培启，（2017），机械类专业英语应用教程．北京：机械工业出版社．

穆雷、邹兵，（2015），翻译的定义及理论研究：现状、问题与思考，中国翻译，（3）：18-24．

钱多秀，（2011），计算机辅助翻译．北京：外语教学与研究出版社．

钱钟书，（1979），林纾的翻译，《翻译通讯》编辑部（编），翻译研究论文集（1949—1983）．北京：外语教学与研究出版社．

秦洪武，（2010），英译汉翻译语言的结构容量：基于多译本语料库的研究，外国语，（4）：73-80．

尚媛媛，（2002），语境层次理论与翻译研究，外语与外语教学，（7）：28-32．

沈家煊，（1999），不对称和标记论．南昌：江西教育出版社．

史企曾，（1987），外位成分在翻译中的作用，中国翻译，（2）：16-18；33．

司显柱，（2007），功能语言学与翻译研究：翻译质量评估模式建构．北京：北京大学出版社．

司显柱、吴玉霞，（2009），人际意义跨文化建构：比较与翻译，西安外国语大学学报，（4）：68-70；74．

孙致礼，（1999），翻译：理论与实践探索．南京：译林出版社．

谭载喜，（2004），西方翻译简史（增订版）．北京：商务印书馆．

陶友兰，（2011），中国英汉汉英翻译教材编写发展史论（1949—2009），翻译季刊，（60）：36-66．

王平、杨世迎，（2009），环境学科专业英语的特点及翻译，中国科技翻译，（2）：1-3；13．

王福祥、郑冰寒，（2019），60年翻译单位研究述评，外语学刊，（2）：99-105．

王华树，（2021），人工智能时代翻译教育技术研究：问题与对策，中国翻译，（3）：84-88．

王华树、李智，（2019），人工智能时代笔译员翻译技术应用调查——现状、发现与建议，外语电化教学，（6）：67-72．

王华树、李智，（2020），人工智能时代的翻译技术研究：内涵、分类与趋势，外国语言与文化，（1）：86-95．

王建国，（2004），科技翻译的灵活性与模式化，中国科技翻译，（2）：10-13．

韦孟芬，（2014），英语科技术语的词汇特征及翻译，中国科技翻译，（1）：5-7；

23.

吴文安,（2015），园林翻译中的衔接与连贯,中国翻译,（5）：109-112.

徐珺,（2003），功能语法用于《儒林外史》汉英语篇的研究：情景语境观,现代外语,（2）：129-134.

徐珺,（2004），上下文语境研究——《儒林外史》汉英语篇对比分析,外语学刊,（1）：60-66.

徐莉娜,（2010），英译汉话题句取向翻译模式研究,中国翻译,（3）：63-69.

徐烈炯、刘丹青,（1998），话题的结构与功能.上海：上海教育出版社.

许均、穆雷,（2009），翻译学概论.南京：译林出版社.

严复（译）,（1981），天演论.北京：商务印书馆.

杨忠,（2005），一词多义现象的历时和认知解析,外语教学与研究,（5）：362-367；401.

杨自俭,（2006），关于翻译教学的几个问题,上海翻译,（3）：36-39.

姚丽文,（2012），环境工程专业英语的翻译方法,安徽工业大学学报（社会科学版）,（5）：73-75.

叶邦彦、陈统坚,（2006），机械工程英语（第二版）.北京：机械工业出版社.

张今,（1994），文学翻译原理.郑州：河南大学出版社.

张美芳,（2001），中国英汉翻译教材研究.上海：上海外语教育出版社.

张美芳,（2015），功能途径论翻译：以英汉翻译为例.北京：外文出版社.

张培基等,（1983），英汉翻译教程.上海：上海外语教育出版社.

赵晶,（2017），跨语际再实例化视角下的及物性翻译转换研究.北京：清华大学出版社.

赵晶,（2021），融通中外的外宣翻译话语建构及其接受效果研究.北京：对外经济贸易大学出版社.

庄智象,（2007），我国翻译专业建设：问题与对策.上海：上海外语教育出版社.